Der Kauf zur Probe.

Rechtsbegriff, Rechtsnatur, Rechtsfolgen.

Von

Dr. Ludwig Levy,
Rechtsanwalt in Potsdam.

Berlin 1915.
J. Guttentag, Verlagsbuchhandlung,
G. m. b. H.

Umriß
des dogmatischen Aufbaus und der systematischen Einordnung.

Der Kauf zur Probe.

Rechtsbegriff, Rechtsnatur, Rechtsfolgen.

A. Einführung.

1. Bisherige Auffassung.

Eines der wichtigsten Rechtsgeschäfte des Wirtschaftslebens ist der Kauf. Der Mannigfaltigkeit des Kaufgeschäfts nach Grundarten, Gegenstand und Inhalt hat das BGB. in einigen der hauptsächlich vorkommenden Arten durch besondere Regelung Rechnung getragen. Unter den so vorgesehenen Grundarten finden sich zwar der „Kauf nach Probe", § 494, und der „Kauf auf Probe", §§ 495, 496, nicht aber der „Kauf zur Probe".

Der „Kauf zur Probe" ist ein besonderes, im Handelsverkehr keineswegs seltenes Rechtsgeschäft, schwerlich seltener, als der „Kauf auf Probe". Der Mangel der gesetzlichen Regelung dürfte seinen Grund in einer positiven Begriffsbestimmung des früheren ADHGB. vom 11. Juni 1870 Art. 341 haben:

> „Ein Kauf zur Probe ist unbedingter Kauf unter Hinzufügung des Beweggrundes",

im Anschluß an die vorhergehende Begriffsbestimmung des „Kaufes auf Besicht oder auf Probe", Art. 339, und des „Kaufes nach Probe oder Muster", Art. 340.

Dieser Begriffsbestimmung des „Kaufes zur Probe" hat sich die Rechtslehre ohne weiteres angeschlossen,[1]) und ihr ist wohl auch die gänzliche Unterlassung einer Normierung im neuen HGB.[2]) und BGB. zuzuschreiben.

Indessen steht einmal die Begriffsbestimmung im AD.-HGB. in ihrer allgemeinen Fassung einer engeren Begriffsbestimmung des „Kaufes zur Probe" und vor allem der Annahme gewisser besonderer Rechtsfolgen, andererseits das völlige Fehlen einer positiven Normierung im neuen BGB. und HGB. dem Bestehen des „Kaufes zur Probe" als einer eigenartigen Rechtseinrichtung keineswegs entgegen. Ob der „Kauf zur Probe" eine eigenartige Rechtseinrichtung ist, folgt aus dem Rechtssystem und der daraus hervorgehenden Rechtsbedeutung seiner Elemente — es sei denn, daß ein positives Gesetz solchen Bestand außerhalb seiner selbst verneint oder gar verbietet; das aber ist vom „Kauf zur Probe" zweifelsfrei nicht festzustellen.

---

[1]) In der Literatur wird entweder der „Kauf zur Probe" dahin gedeutet: es seien vom Käufer weitere Bestellungen in Aussicht gestellt, wenn die Ware ihm gefallen sollte; das sei ohne rechtliche Bedeutung, so Dernburg BR. Bd. II, 2, 3. Aufl. 1906, § 194, V; derselbe in Preuß. PrivRecht Bd. II § 154; derselbe für das Gemeine Recht: Pand. Bd. II § 95, 4 c,

Oder dahin, daß nur ein Motiv kundgegeben sei neben jener Inaussichtstellung weiterer Bestellung, beides wird ebenfalls für rechtlich bedeutungslos gehalten, so Crome, Lehrb. Bd. II 1902 § 225 N. 2; Matthias, Lehrb. 6./7. Aufl. 1914 § 110 III; Staudinger, Kom. z. BGB. Bd. II, 1, 7./8. Aufl. 1912 Vorb. II, 3 vor § 494; Goldmann, Kom. z. HGB. Bd. III 1906 z. § 373 N. 199; Litthauer-Mosse, HGB. 14. Aufl. 1911 z. § 496 BGB. N. 1;

oder es wird überhaupt nur die rechtliche Bedeutungslosigkeit des Geschäftes betont, so Oertmann, Kom. z. Recht d. Schuldverhältnisse, 3./4. Aufl. 1910 z. § 494 N. 1 a.

Andere erwähnen den „Kauf zur Probe" überhaupt nicht, so Enneccerus-Kipp-Wolff, Lehrb. Bd. I, 2, 6./8. Aufl. 1912; Endemann, BR. Bd. I, 8. Aufl. 1903; Cosack, Lehrb. Bd. I, 6. Aufl. 1913.

Staub, Kom. z. HGB. Bd. II, 9. Aufl. 1913, Exk. z. § 382 III N. 24/28 fügt der Bemerkung: Art. 341 ADHGB. sei als bedeutungslos weggefallen, nur an: für die zu gewährende Qualität sei § 360 HGB. maßgebend; es sei Ware mittlerer Art und Güte zu liefern, wenn nichts anderes vereinbart sei.

[2]) Denkschrift z. Entw. eines HGB. S. 229.

Ein Tatbestand des Wirtschaftsverkehrs wie der des „Kaufes zur Probe", zumal er bereits im Art. 341 ADHGB. als ein ganz bestimmter Begriff anerkannt war, erscheint aber als eigenartige Rechtseinrichtung mit eigenartigem Rechtswesen und Rechtsfolgen, wenn seine Grundelemente in ihrer wirtschaftlichen Bedeutung auf Grund feststehender allgemeiner Rechtsbegriffe eine bestimmte rechtliche Bewertung erhalten, die sich nicht schon restlos in anderen bestehenden Rechtseinrichtungen wiederfinden. Dann muß eine Lücke im positiven Gesetz systematisch ausgefüllt werden. So werden unzählige Rechtseinrichtungen allgemein anerkannt, die in einem positiven Gesetz eine besondere Normierung noch nicht gefunden haben — so z. B. der „Hoffnungskauf" —, unzählige waren anerkannt, bevor sie solche fanden. So ist auch der „Kauf zur Probe" eine eigenartige Rechtseinrichtung, wie die nachstehende Untersuchung zu zeigen versucht. Sie wird klarlegen, daß gerade der Hoffnungskauf und gewisse allgemeine Grundgedanken des gewagten Rechtsgeschäftes mit dem „Kauf zur Probe" in ihrem Urgrunde ein gleiches Element haben.

Es ist gesagt worden: der „Kauf zur Probe" sei ein gewöhnlicher Kauf unter Beifügung eines Motivs; dem Motiv und seiner Wirkung ist man näher anscheinend nicht nachgegangen, obwohl doch sonst bei gewissen Rechtseinrichtungen der Beweggrund durchaus nicht als bedeutungslos behandelt wird. Weiter: beim „Kauf zur Probe" seien weitere Käufe in Aussicht gestellt, wenn der Probegegenstand dem Käufer gefalle; es ist aber weder der Zusammenhang dieser Inaussichtstellung mit dem „Motiv" untersucht, noch überhaupt die Funktion der Erprobung berücksichtigt worden, die doch an ganz bestimmte Voraussetzungen anknüpft und in dem ausdrücklich normierten „Kauf auf Probe" eigenartige Wirkungen auslöst.

Die Untersuchung hat also die Wesensbestandteile des „Kaufes zur Probe", die seinen wirtschaftlich anerkannten Tatbestand ausmachen, zu sondern und zu würdigen.

2. Praktische Fälle als Beispiele.

Der Auflösung des mit „Kauf zur Probe" bezeichneten Tatbestandes seien einige praktische Fälle vorangeschickt, wie sie etwa im Verkehr vorkommen.

I. Fälle des echten „Kaufes zur Probe".

a) 1. Ein Fabrikant sucht für Fabrikation einer bestimmten Art von Federn (zu landwirtschaftlichen Maschinen) besonders geeignetes astreines und zähes Eschenholz. Ein Nutzholzhändler bot seiner Meinung nach in Betracht kommendes Holz an, wünschte jedoch zunächst Prüfung der Geeignetheit unter dem reichhaltigen Material auf seinem Lagerplatze seitens des Fabrikanten; der Fabrikant erklärte, Geeignetheit zur Herstellung seiner Federn nur durch Verarbeitung in seiner Fabrik nachprüfen zu können. Der Nutzholzhändler verkauft ihm sodann zur Probe daraufhin einen Block „prima astreine Zähesche" nach dem Fabrikorte.

2. Ein Exporteur sucht Exportartikel, die er in einem überseeischen Staate neu einführen will. Er kauft zur Probe ein Dutzend zerlegbare Maschinengewehre vom Fabrikanten.

3. Ein Möbel-Großhändler kauft vom Metallwarenfabrikanten Bronze-Anschläge für Empire-Salon-Einrichtungen zur Probe.

4. Derselbe kauft von einem Möbelfabrikanten einen tief dunkelbraunen flämischen Bücherschrank zur Probe: er soll in bestimmte architektonische Formen von ihm zusammengestellter Zimmer-Einrichtungen hineinpassen.

5. Ein Unternehmen, das maschinelle Anlagen einrichtet, sucht Turbinen von bestimmter Pferdekraft, ihre Regulierbarkeit soll in bestimmten Beziehungen zu den Verhältnissen bestimmter Arten von Schiffskörpern stehen. Der Fabrikant erklärt verschiedene Arten von Turbinen mit den betreffenden Pferdekräften für ungeeignet; das Unternehmen ist im Zweifel und glaubt über die Verwendungsfähigkeit Günstiges feststellen und event. geeignete Schlüsse auch aus

der Unverwendbarkeit ziehen zu können. Zur Probe wird ihm eine Turbine von der bestimmten Pferdekraft verkauft.

6. Der Fabrikant von optischen Gegenständen rühmt die ihm an einer von ihm hergestellten „Linse" bekannte Eigenschaft als besonders wertvoll für bestimmte Zwecke des Fabrikanten von optischen Instrumenten. Letzterer zweifelt an dieser Geeignetheit und kauft eine Linse zur Probe.

7. Ein „Ventil"-Fabrikant bietet dem Fabrikanten eines neuen Flugapparates sein Ventil an als dafür gut geeignet. Der Ventil-Fabrikant hat Gelegenheit gehabt, den neuen Flugapparat in seinen genauen Abmessungen, seiner Konstruktion und Funktion kennen zu lernen und hat daher bereits festgestellt, daß sein Ventil sich für diesen Apparat vorzüglich eigne. Der Fabrikant des Flugapparates glaubt ihm das nicht und kauft zur Probe eines dieser Ventile.

8. Ein Ingenieur und Fabrikant hat ein eigenartiges Ventil für Vergaser-Motoren erfunden und läßt es in seiner jungen Fabrik herstellen. Ein ihm bekannter Industrieller, der Vergaser-Motoren weder in seiner Fabrik verarbeitet, noch sonst für das Ventil eine Verwendung hat, will dem jungen Ingenieur einen kleinen Auftrag zur Beschäftigung geben und bestellt bei ihm zur Probe 50 der neu erfundenen Ventile mit der Erklärung, sie auf ihre Ausdauer im Rahmen bestimmter maschineller Einrichtungen zu prüfen.

b) 9. Ein Unternehmer kauft von einem chemischen Laboratorium zur Probe auf Verwendbarkeit und Geeignetheit nach irgend welcher Richtung ein völlig neues chemisches Produkt.

10. Ein Fabrikant chemischer Präparate hat einen neuen Explosivstoff erfunden, dessen Wirkungen und Eigenschaften bisher gänzlich unbekannt sind. Die Militärverwaltung eines Staates kauft mehrere Einheiten des Stoffes zur Probe nur daraufhin, ob er beim Explodieren qualmt und gegebenenfalls, von welcher Färbung der Qualm ist. Der Staat suchte einen Sprengstoff für bestimmte Zwecke, der entweder überhaupt nicht oder nur grünlich qualmt.

11. Ein anderer Unternehmer kauft denselben Explosivstoff, er will sämtliche Eigenschaften, auch die Explosivfähigkeit erproben.

12. Eine Groß-Weinkellerei verkauft einem Weinhändler zur Probe für Ausnahmepreis 1 Gebinde 1911 er Roten Burgunder.

c) 13. Der Lieferant des neuen chemischen Produktes (oben Fall 9) berechnet einen Preis, der nur die Hälfte der Selbstkosten deckt, nur soll der Käufer verpflichtet sein, auszuproben und seine Ergebnisse mitzuteilen.

d) 14. Ein Fabrikant für gewisse Handwerks-Utensilien verschiedener Handwerkskreise will „Glaser-Diamanten" in möglichst unscheinbarer äußerer Form fabrizieren derart, daß der Diamant als solcher nicht ohne weiteres zu erkennen ist. Ein anderer Fabrikant, der das weiß, hat Derartiges gefunden und sich auf sein Fabrikat das Gebrauchsmuster-Recht erworben. Er verkauft dem Händler 5 Exemplare zur Probe.

15. Eine Militärverwaltung kauft von einem Kanonenfabrikanten zwei 45 cm-Mörser zur Probe — sie sollen eine bestimmte Reichweite haben und möglichst einfach und mit gewissen vorhandenen Mitteln zu transportieren sein. Die Erprobung auf dem Schießplatz der Militär-Verwaltung kann nur stattfinden unter Bedienung der Ingenieure des Fabrikanten, Lieferung genauer Tabellen mit mathematischen Berechnungen und praktischen Erfahrungen in gewisser Richtung, unter Lieferung einer Anzahl dazu hergestellter Geschosse und der nötigen Hilfskräfte und -vorrichtungen zur Erprobung der Transportmöglichkeiten.

e) 16. Im Falle 1 wird von den Parteien bei den Verhandlungen ausdrücklich von einem „Kauf zur Probe" nicht gesprochen; bei der Bestellung schreibt der Fabrikant nur: Prüfung auf dem Lagerplatz des Händlers genüge ihm nicht, er müsse in seiner Fabrik verarbeiten; daher bestellt er käuflich vorerst nur einen Block astreiner Zähesche.

II. Dagegen kein echter „Kauf zur Probe“: z. B.

1. Im Falle I, 1 vereinbaren die Parteien des weiteren: der Preis des Blockes solle je nach Ergebnis der Prüfung festgestellt werden, sei das Holz geeignet, so 150 Mark, sei es nicht geeignet, so 50 Mark.

2. Der Fabrikant des Falles I, 1 fragt bei den Verhandlungen den Nutzholzhändler, ob sein Holz geeignet sei zu seinen, des Fabrikanten, besonderen Zwecken; der Nutzholzhändler erklärt, das nicht zu wissen, verkauft ihm indessen 50 Block als geeignet zur Herstellung der von dem Fabrikanten zu fabrizierenden Federn.

B. Wirtschaftliche Grundlage des Rechtsgeschäftes „Kauf zur Probe“.

Der „Kauf zur Probe“ ist ein Rechtsgeschäft vornehmlich des Handelsverkehrs. Bezug bezw. Lieferung größerer Mengen von Gegenständen gleicher oder ähnlicher Art stehen regelmäßig für die Zukunft in Frage.

Beim „Kauf zur Probe“ will der Käufer aus einer „Probe“ für seine wirtschaftlichen Zwecke und Entschlüsse Erfahrungen sammeln, im besonderen je nach ihrem Ergebnis Bestellung weiterer Gegenstände — ähnlich oder entsprechend der „Probe“, event. „nach Probe“ — in Erwägung ziehen. Der Verkäufer erwartet aus der „Probe“ und ihrer günstigen Beurteilung zwar gleichfalls Sammlung von Erfahrungen und Förderung seiner geschäftlichen Zwecke und Entschlüsse, vornehmlich aber Knüpfung weiterer nutzbringender Geschäftsverbindungen, im besonderen mit dem Käufer, der sie ihm solchenfalls in Aussicht stellt. Diesem beiderseitigen Endzwecke dient als Mittel die Erprobung des betreffenden Gegenstandes: er soll geprüft und beurteilt werden.

Erprobung ist der nächste und damit für das Geschäft wichtigste Zweck.

Dem Käufer wird die hinreichende Erprobung regelmäßig nur durch Verbrauchen, Verwenden, Wirkenlassen des Probegegenstandes gegeben sein. Hierzu muß er ihn besitzen und unbeschränkt wie ein Eigentümer mit ihm umgehen können. Die Erreichung der Gelegenheit zu solcher Erprobung aber ist ihm auch bereits unmittelbare wirtschaftliche Förderung seines Endzweckes: kann er so erproben, so kann er Erfahrungen sammeln. Deren Erreichung aber kann er ohne entsprechende Gegenleistung nicht erwarten; er will daher kaufen.

Für den Verkäufer andererseits bedeutet die Verschaffung der Gelegenheit zu solcher Erprobung den Verlust des Gegenstandes. Für ihn stehen Selbstkosten und Gewinn in Betracht. Die Aussicht auf künftigen Gewinn ist zu ungewiß, hängt zu sehr von Umständen ab, die er nicht beeinflussen kann, als daß er den Verlust des Gegenstandes ohne Entgelt tragen mag, während der Käufer durch die Erreichung der Gelegenheit zu jener Erprobung bereits seinen nächsten Zweck erreicht. Der wirtschaftliche Ausgleich ist der Verkauf des einzelnen Probegegenstandes, für den Verkäufer durch Geringfügigkeit des einzelnen Gegenstandes oder des Gewinnes an ihm, durch unverhältnismäßige Kosten des Aussonderns, Bereitstellens, Lieferns, durch — was ganz natürlich geboten erscheint — Bestimmen eines guten Gegenstandes seiner Art regelmäßig ohnehin, oft durch Ermäßigung des Preises noch künstlich gesteigert, unlohnend.

Aber eben nur zur Erprobung bezw. deren Ermöglichung kauft der Käufer, verkauft der Verkäufer. Das ist der nächste und damit wichtigste wirtschaftliche Zweck des ganzen Rechtsgeschäftes für den Käufer und Verkäufer, und zwar in Wirkung für die Zukunft mit jenem weiteren Ziele: Sammlung von Erfahrungen für seine Zwecke und Entschlüsse für den Käufer, Erreichung weiterer nutzbringender Geschäftsverbindungen für den Verkäufer.

Unter diesem wirtschaftlichen Gesichtspunkte wird das eigenartige Rechtsgeschäft „Kauf zur Probe“ geschlossen.

C. Vertragsbestandteile.

I. Allgemeine Vertragsnatur: Fester und unbedingter Kaufvertrag.

1. Die allgemeine Vertragsnatur des Kaufes zur Probe ist das einzige Merkmal des Rechtsgeschäftes, das in der Literatur überhaupt und bedenkenfrei erörtert wird. Diese Grundlage steht denn auch aus dem Parteiwillen von vornherein fest:

Der Kauf zur Probe ist zunächst und vor allem im Gegensatz zu bedingten Käufen, wie dem „Kauf auf Probe“ einerseits, zu offenen Vertragsanträgen, wie der „Sendung zur Auswahl“ andererseits ein fest und unbedingt geschlossener Kaufvertrag über einen gewissen Gegenstand.[1])

2. Der Kauf zur Probe als Rechtsgeschäft steht indessen in einem sinnfälligen und scharfen Gegensatz zum gewöhnlichen Kauf eines Gegenstandes: bei diesem kann für den Käufer eine Eignung für einen bestimmten Gebrauchszweck in Betracht stehen; beim Kauf zur Probe wird seine Eignung zu einem bestimmten Gebrauchs- bezw. Wirkungszweck als maßgeblich regelmäßig in den Vordergrund gestellt und begründet damit eine Grundlage seiner Eigenart. In Hinsicht auf ihn soll ein realer Gegenstand „Probe“ sein. Im Verkehr verbinden die Parteien mit dem Rechtsgeschäfte „Kauf zur Probe“ gerade in Hinsicht auf diesen Zweck, entsprechend ihren wirtschaftlichen Gründen, ganz bestimmte Vorstellungen,

[1]) Das Wesen des Kaufgegenstandes ergibt sich später.

die ihn vom gewöhnlichen Kaufe einerseits, von andern ähnlichen Rechtseinrichtungen andererseits scharf abgrenzen.

Diese Erscheinungen finden ihren rechtlichen Ausdruck in bestimmten, des näheren zu erörternden Bestandteilen, die kraft ihres Wesens den Grundvertrag in eigenartiger Weise beeinflussen.

3. Naturgemäß kann nur der Name „Kauf zur Probe“, den die Parteien dem Rechtsgeschäft geben, für seine rechtliche Würdigung an sich nicht von Bedeutung sein. Es wird im Verkehr nicht selten vorkommen, daß ein gewollter „Kauf auf Probe“ unscharf als „Kauf zur Probe“ angesprochen wird. Andererseits wird die Bezeichnung „Kauf zur Probe“ meist, besonders unter den Parteien des Handelsverkehrs ein deutliches tatsächliches Anzeichen sein, daß sie sich über alles das bewußt sind, und das wollen, was gerade die Wesensmerkmale des „Kaufes zur Probe“ darstellt. Allein auf das letztere kommt es an.

II. Ungewißheit über gewisse Eigenschaften bezw. Eignungen des Probegegenstandes wird angenommen.

1. Der Kauf zur Probe geht davon aus, daß an oder mit dem Probegegenstand etwas zu erproben ist. Die Erprobung soll sich auf bestimmte Eigenschaften bezw. Eignungen des Gegenstandes, und zwar in Hinsicht auf eine bestimmte Verwendungsmöglichkeit bezw. Wirkungsmöglichkeit erstrecken. Über sie besteht im Sinne des Vertrages bei den Parteien Ungewißheit.

Bei dem gewöhnlichen Kauf wird der Gegenstand als solcher mit gewissen Eigenschaften bezw. Eignungen vom Verkäufer verkauft, vor allem vom Käufer erwartet, gegen deren objektives Fehlen der Käufer in bestimmter Weise sichergestellt wird.[1]) Beim Kauf zur Probe werden bestimmte Eigenschaften bezw. Eignungen in der oben, vor-

[1]) Vgl. unten D. I.

läufig allgemein gekennzeichneten Richtung am Probegegenstand gerade vom Käufer nicht erwartet, vom Verkäufer nicht in Erwartung, sondern im Gegenteil — meist sämtlich — von beiden zur Erprobung gestellt. Sie werden, im Gegensatz zum gewöhnlichen Kauf, als ungewiß angenommen, und zwar als zur Zeit des Abschlusses und über ihn selbst hinaus ungewiß. Denn durch Erprobung sucht man festzustellen, was man nicht oder doch nicht sicher weiß, d. i. als vorhanden annimmt. In der Ungewißheit liegt der Grund der Erprobung; sie gibt den Raum für letztere. Die Annahme der Ungewißheit über die bestimmten Eigenschaften bezw. Eignungen soll danach in der Auffassung beider Geschäftsparteien zum Inbegriffe des Vertrages „Kauf zur Probe" gehören: von Vertrags wegen besteht Ungewißheit über sie. Das ist dessen erstes eigentümlichstes — bisher gänzlich übersehenes — Wesensmerkmal.

2. Die Annahme ist damit eine vertragliche. Sie wird im Abschluß von beiden Teilen bewußt übereinstimmend bekundet, und zwar ausdrücklich oder in einer je aus den Umständen sich ergebenden Weise stillschweigend.

Während diese Annahme als vertragliche eine beiderseitige sein muß, kann für die Ungewißheit, auf welche die Annahme sich bezieht, mehreres in Betracht kommen: jeder Vertragsteil kann die Ungewißheit einmal bei dem Gegner und bei sich selbst, sodann nur für sich selbst oder für den Gegner — ein jeder unabhängig vom andern oder auch in bewußter Übereinstimmung mit dem andern — vorliegen sehen. Bei der Annahme einseitiger Ungewißheit wiederum ist es gleich, ob sie für die Person des Verkäufers oder für die des Käufers angenommen wird; es kann der eine den Gegenstand zur Probe kaufen, wenngleich beide annehmen, daß zwar der Käufer, nicht aber der Verkäufer sich über alle in Betracht kommenden Eigenschaften bezw. Eignungen im klaren ist, es würde solchenfalls der Käufer „etwas Übriges" tun, wenn er, etwa bei Voraussetzung ungünstiger Eigenschaften bezw. Eignungen, dennoch den Gegenstand zur Probe kauft; aber er kauft ihn fest und unbedingt unter dem Gesichtspunkt jener Ungewißheit zur Erprobung daraufhin. Es kann der Verkäufer über das Vorhandensein der in Betracht kommenden Eigenschaften bezw. Eignungen völlig im gewissen sein oder doch zu sein glauben, es verschlägt für ihn nichts, wenn der Käufer im Ungewissen ist oder zu sein erklärt und den Gegenstand deshalb zur Erprobung kauft. Wer von beiden für seine eigene Person (oder auch für die des Gegners) im Ungewissen ist, wird an sich nicht die innere Berechtigung bezw. Veranlassung haben, jene Eigenschaften bezw. Eignungen an dem Gegenstande erwarten zu lassen oder zu erwarten. Die eigene Ungewißheit muß nur Vertragsgrundlage werden. Das aber ist sie schon dann, wenn nur im Kaufabschluß von beiden übereinstimmend Ungewißheit überhaupt — über dieselben bestimmten Eigenschaften bezw. Eignungen in Hinsicht auf dieselbe bestimmte Verwendungs- bezw. Wirkungsmöglichkeit — als vorliegend angesehen wird, bei dem einen oder andern, beim Verkäufer oder Käufer. Nur in diesem Sinne muß Einverständnis herrschen; eine Feststellung, auf wessen Seite sie vorliege, erscheint als unwesentlich; darüber können die Parteien verschiedener Meinung sein.

Wenn nur Vertragsgrundlage, hat grundsätzlich jede Möglichkeit in Annahme der Ungewißheit im Wesen des Kaufes zur Probe dieselbe Bedeutung.

3. Hier ist anzufügen:

Zum Inbegriff eines Rechtsgeschäftes, wie „Kauf zur Probe", das auf ganz bestimmter wirtschaftlicher Grundlage erwachsen und wirtschaftlichen Zwecken zu dienen bestimmt ist, werden in der Regel auch Wesensmerkmale rein wirtschaftlicher Natur gehören. Durch diese Eigenart seines Inbegriffs wird das Rechtsgeschäft an sich — in seiner rechtlichen Begriffsbestimmung und seinem virtuellen Bestande — mit allen seinen Wesensmerkmalen über den praktischen Einzelfall erhoben. Wollen die Parteien überhaupt ernstlich das betreffende Geschäft, so wollen sie auch alle seine Wesensbestandteile: das Rechtsgeschäft als solches hat seine unmittelbare Grundlage in der Vertragsfreiheit der Parteien. Kraft dieser, also von Vertrags wegen gehört zum Rechtsgeschäft das Vorhandensein aller seiner Wesensmerkmale. Daher auch dann, wenn gewisse Wesensbestandteile, im besonderen wirtschaftlicher Natur, im praktischen Einzelfalle objektiv nicht vorhanden sind. Da die Parteien das betreffende Rechtsgeschäft wollen und schließen, so nehmen sie die tatsächlich-objektiv nicht vorhandenen Merkmale als vorhanden an.[1])

So auch beim Kauf zur Probe mit der Ungewißheit über bestimmte Eigenschaften bezw. Eignungen bezw. Wirkungen: sie besteht nach der obigen (dogmatischen) Feststellung grundsätzlich von Vertrags wegen — gleich, in der Person welcher der beiden Vertragsparteien —. Ungewißheit gehört zum Inbegriff des Kaufes zur Probe: In dessen Abschluß wird sie also stets angenommen, auch wenn sie objektiv im praktischen Einzelfall auf keiner Seite vorhanden sein sollte.

Wenn dagegen im praktischen Einzelfalle den Parteien, die einen „Kauf zur Probe" schließen wollen, solche Ungewißheit objektiv fehlt und sie die Ungewißheit auch von Vertrags wegen nicht annehmen wollen, vielmehr im Gegenteil übereinstimmend bewußt Gewißheit — ausdrücklich oder nach den Umständen — annehmen, so liegt diesesfalls ein echter Kauf zur Probe im Rechtssinne nicht vor: der Ausdruck in seiner Eigenart bleibt gegenstandslos. Tatsächlich ist hier der Kauf ein gewöhnlicher; für eine Erprobung von Eigenschaften bezw. Eignungen sehen die Parteien selbst keinen Raum und keine Veranlassung. Hier erscheint in der Tat, wie die herrschende Ansicht ohne Unterscheidung überhaupt annimmt, die Beifügung „zur Probe"

[1]) Es könnte sich also dann stets nur fragen, ob die Parteien ernstlich trotzdem gerade das betr. Rechtsgeschäft gewollt haben.

lediglich als Beifügung eines Beweggrundes, gleichbedeutend mit der Erklärung, später noch die an sich überflüssige Feststellung der selbstverständlich vorhandenen Eigenschaften und Eignungen des Kaufgegenstandes zu treffen; nicht wegen der Ungewißheit über solche des Gegenstandes selbst, sondern etwa aus Gründen anderer Natur, die mit dem Gegenstande selbst, wenn überhaupt, nur in völlig äußerlichem (mittelbarem) Zusammenhange stehen,[1]) sofern überhaupt Äußerung eines Beweggrundes und nicht eine gänzlich gleichgültige Redewendung vorliegt. Lediglich Beifügung des so gekennzeichneten Beweggrundes berührt die Wesenseigenart des Rechtsgeschäftes als eines gewöhnlichen Kaufes nicht.[2])

Zum Inbegriff des (echten) Kaufes zur Probe gehört danach zunächst vertragsmäßige Annahme der Ungewißheit — wenigstens in der Person einer der Parteien — über bestimmte Eigenschaften bezw. Eignungen des Probegegenstandes in Hinblick auf gewisse Zwecke. Hierin liegt der eine Rechtsgrund für seine besonderen Rechtsfolgen.

III. Erprobung wird in Aussicht genommen.

a) Aufgabe: Lösung der Ungewißheit.

Zweiter Rechtsgrund und augenfällige Wesenseigenart ist die in Aussicht genommene Erprobung. Die (angenommene) Ungewißheit über jene Eigenschaften bezw. Eignungen des Probegegenstandes und seine Erprobung

---

[1]) So etwa wegen wirtschaftlicher Rentabilität einer Fabrik, zu der eine bestimmte Maschine gekauft wird und mehrere gekauft werden sollen, wenn die Fabrik überhaupt weiter bestehen kann.

[2]) Für die Beweislast ist bemerkenswert: Liegt ein Rechtsgeschäft vor, das die übrigen Wesensmerkmale des „Kaufes zur Probe" aufweist und dazu noch als „Kauf zur Probe" bezeichnet ist, nach den Umständen ein solcher im Rechtssinne auch sein kann, so wird für dessen Vorliegen die Vermutung sprechen. Dem gegenüber wird der Käufer zu beweisen haben, daß es ein solcher nicht war, im besonderen: daß Ungewißheit nicht angenommen wurde.

stehen in engem Zusammenhang zueinander: jene findet ihre Auslösung in dieser und soll sie nach der Auffassung der Parteien, also im Sinne des Vertrages, in ihr finden. Der wirtschaftliche Hauptzweck des Geschäfts wird — zunächst — zum Vertragselement. Diese Kennzeichnung ist bisher in der Literatur unterlassen und daher auch in ihrer besonderen Bedeutung verkannt worden: gerade sie enthält das Problem und begründet den scharfen Gegensatz zum „Kauf auf Probe" einerseits, aber auch zum gewöhnlichen Kauf andererseits.

b) Begrenzung des Umfanges der Erprobung.

Indessen: Während über alle betreffenden Eigenschaften und Eignungen des Gegenstandes, auf die hin erprobt werden soll, Ungewißheit angenommen wird, brauchen durchaus nicht alle Eigenschaften und Eignungen, über die Ungewißheit besteht oder angenommen wird, erprobt zu werden. Vielmehr werden diejenigen Eignungen und Eigenschaften des Probegegenstandes, auf die es ankommt, einerseits *sachlich* durch den besonderen Verwendungs- bezw. Wirkungszweck, andererseits *subjektiv* durch besondere Parteibestimmung im einzelnen bestimmt. Nur sie sollen der Erprobung überlassen bleiben.

1. Sachliche Begrenzung.

Sachlich wird man bei dem Kauf zur Probe die Erprobung nur auf alle diejenigen nach dem Vertragsinbegriff überhaupt möglichen Eigenschaften und Eignungen — Umstände, Eigenschaften, Gebrauchs- und Wirkungsmöglichkeiten — zu beziehen haben, die in *unmittelbarer* Beziehung zu diesem *besonderen* Zweck stehen. Diese unmittelbare Beziehung ergibt sich derart:

Die Fülle der Eigenschaften und Eignungen eines Kaufgegenstandes ist unausdenkbar; über Vorhandensein oder Nichtvorhandensein der wenigsten werden sich die Interessierten je im gewissen sein. Andererseits ist jede, auch die zugesicherte Eigenschaft bezw. Eignung einer Sache etwas völlig Abhängiges und daher an sich Unbestimmtes. Abhängig ist und Bedeutung erlangt erst eine Eigenschaft und Eignung eines Gegenstandes im Verkehre im Hinblick auf ein bestimmtes Zweckinteresse.

Hier ist zu scheiden: die Parteien, vornehmlich der Käufer, können haben ein Sachinteresse oder ein Verwendungs- bezw. Wirkungsinteresse. Ersteres, wenn der Gegenstand um seiner selbst willen, im besonderen um einer bestimmten an ihm wahrgenommenen Erscheinung willen interessiert — so, wenn jemand antike Vasen beim Kunsthändler ausgestellt sieht und sie wegen ihrer eigenartigen Schönheit kauft —; bei solchem Interesse wird regelmäßig eine Erprobung auf gewisse Eigenschaften bezw. Eignungen nicht in Frage kommen, es fehlt auch oder tritt jedenfalls nicht hervor als eigentümlich die Möglichkeit fernerer Bestellung gleichartiger oder ähnlicher Gegenstände — hauptsächlich, doch nicht ausschließlich, wird hier der Spezieskauf in Betracht kommen. Anders beim Verwendungs- bezw. Wirkungsinteresse: hier tritt gerade umgekehrt die Sache, wie sie sich darstellt und an sich interessieren könnte, wesentlich hinter dem Verwendungs- bezw. Wirkungszweck zurück, dem der Interessent sie dienstbar zu machen bezw. werden zu lassen gedenkt. Entsprechend diesem verschiedenen Interesse kann denn auch eine vorhandene Eigenschaft bezw. Eignung in der einen Richtung von Bedeutung, in der andern von untergeordneter oder keiner Bedeutung sein.

Beim Kauf zur Probe kommt wesenseigentümlich der Gegenstand ausschließlich unter dem Zweckinteresse in Betracht. Nur diejenigen Eigenschaften bezw. Eignungen, die zu einem bestimmten Verwendungs- bezw. Wirkungszweck in Beziehung stehen, können ihrer Natur gemäß daraufhin erprobt werden.[1]) Alle diese Eigenschaften und Eignungen

[1]) Von den im § 459 Abs. 1 S. 1 und Abs. 2 BGB. gekennzeichneten Eigenschaften und Eignungen werden daher vornehmlich die des Abs. 1 an sich für Erprobung in Betracht kommen: Umstände, die stets nur unter einem Verwendungs- bezw. Wirkungszweck erheblich sind.

können also zunächst aus sachlichem Grunde der Erprobung unterliegen.

Für den Gesamt-Verwendungs- bezw. Wirkungszweck können indessen auch die allgemeine Wesenheit und Beschaffenheit, Gebrauchs- und Wirkungsmöglichkeit des betreffenden Gegenstandes sowie speziellere Verwendungs- und Wirkungsvoraussetzungen in den verschiedensten Richtungen in Betracht kommen.[1]) Mit alledem verbinden sich Eigenschaften und Eignungen in reicher Fülle, die aber in ihrer Gesamtheit doch nur das allgemeinere: für den allgemeineren Verwendungs- bezw. Wirkungszweck, die Grundlage für den Gesamt-Verwendungs- bezw. Wirkungszweck darstellen, die vom Käufer erwartet, vom Verkäufer als vorhanden gegeben werden können. Ihnen gegenüber aber kann es den Parteien lediglich auf Eigenschaften und Eignungen in einer ganz bestimmten Richtung jenseits jener Grundlage ankommen. Wieweit diese Grundlage reichen, wieviel Spezialisierungen sie in sich vereinigen kann, ist einheitlich sachlich aber nur aus einer anderen positiven Beziehung festzustellen. Dieser Maßstab wird durch den besonderen für den Kauf zur Probe in Betracht kommenden Gebrauchs- bezw. Wirkungszweck gegeben.

Unter dessen Gesichtspunkt kommt nach dem Vertragsinbegriff die Ungewißheit über die Eigenschaften bezw. Eignungen des Probegegenstandes von praktischer Bedeutung in Betracht und strebt der Lösung durch Erprobung zu; nach diesem Maßstab wird die Ungewißheit im Sinn des Vertrages von den Parteien als solche auch weiter behandelt und zur Erprobung gestellt. Allein die Bestim-

---

[1]) Ein „Bronzeanschlag", den der Möbeltischler zur Probe für gewisse von ihm hergestellte Möbelstücke im Empirestil und in einem bestimmten Farbenton passend kauft, muß jedenfalls aus Metall, und zwar aus „Bronze" bestehen und muß ein Anschlag für Möbel sein.

mung dieses besonderen Verwendungs- bezw. Wirkungszwecks also ist sachlich maßgebend.[1])

Er erfordert die besonderen Eigenschaften und Eignungen des Gegenstandes, die danach zu ihm in unmittelbarer Beziehung stehen müssen, und diese unmittelbare Beziehung zu ihm ist maßgebend für den Umfang der Erprobung. Nach dem besonderen bestimmt sich der allgemeinere Verwendungs- bezw. Wirkungszweck für die Grundlage, auf deren Inbegriff sich der „Kauf zur Probe“ erst aufbaut, deren allgemeinere — zugesicherte oder nicht zugesicherte — Eigenschaften und Eignungen damit in der Regel an sich außerhalb des für die Erprobung gegebenen Kreises stehen und von der rechtlichen Eigenart des Kaufes zur Probe nicht getroffen werden.[2])

Danach ist für die sachliche Begrenzung Regelgrundsatz: beim Kauf zur Probe sind alle und lediglich diejenigen (als ungewiß angesehenen) Eigenschaften und Eignungen des Probegegenstandes zur Erprobung gestellt, die für den besonderen für den Kauf zur Probe in Betracht kommenden Verwendungs- bezw. Wirkungszweck zu dessen Erreichung unmittelbar erforderlich sein können. Nicht zur Erprobung gestellt sind alle diejenigen Eigenschaften und Eignungen, die in dieser unmittelbaren Beziehung nicht stehen — kurz: alle übrigen —, also die unter dem allgemeineren Verwendungs- bezw. Wirkungszweck in Betracht kommenden oder die allgemeine Wesenheit betreffenden.

---

[1]) Dabei ist eine gänzlich andere Frage: wieweit Richtung und Umfang des besonderen Verwendungs- bezw. Wirkungszwecks im Einzelfalle greifen und damit den Kreis des allgemeineren Verwendungs- bezw. Wirkungszwecks einschränken oder erweitern, schließlich in welchem Verhältnisse beide Kreise zu den in § 459 Abs. 1 S. 1 BGB. vorgesehenen stehen.

[2]) Sofern sie nicht etwa durch besondere vertragliche Bestimmung in deren Kreis einbezogen werden.

2. Subjektive Begrenzung.

Subjektiv kann die in Aussicht genommene Erprobung einen selbständigen Umfang, eine erweiterte oder verengerte Begrenzung gegenüber der sachlichen durch besondere Parteibestimmung erfahren.

Diese Bestimmung wird vornehmlich an den besonderen Verwendungs- bezw. Wirkungszweck anknüpfen. Sie wird in der Regel dasselbe wollen, was die sachliche Begrenzung ohnehin ergibt. Indessen: nicht alle Eigenschaften und Eignungen des Probegegenstandes, auf die sich nach dem erörterten sachlichen Gesichtspunkte die Erprobung erstrecken konnte, müssen oder sollen nach dem Vertragsinbegriff ohne weiteres auch wirklich der Erprobung unterworfen werden. Hier kann im Einzelfalle die Parteibestimmung, wie sie sich aus dem Inbegriff der zum Abschluß führenden Verhandlungen ausdrücklich oder durch schlüssige Handlungen als vertragliche ergibt, weiter begrenzend oder erweiternd einsetzen.

Möglich ist, daß die Parteien für alle für den besonderen Verwendungs- bezw. Wirkungszweck sachlich in Betracht kommenden Eigenschaften und Eignungen die Erprobung in Aussicht nehmen; möglich auch, daß aus deren Fülle nur einige — etwa in bestimmter Richtung, nach noch spezíellerem Gesichtspunkte — erprobt werden sollen, nicht auch die übrigen.[1]) Unerheblich bleibt dabei, aus welchem Grunde nicht alle der ersteren erprobt werden sollen. Eine besondere Bedeutung hat in diesem Zusammenhang die vertragliche Zusicherung von gewissen Eigenschaften und Eignungen des Probegegenstandes: sie enthält in der Regel eine vertragliche Aussonderung der betreffenden zugesicherten Eigenschaften und Eignungen aus den sachlich zur Erprobung stehenden, also eine weitere Begrenzung der zur Erprobung gestellten.

[1]) Schon hier ist festzustellen: diesesfalls teilen die letzteren das rechtliche Schicksal der sachlich allgemeineren Eigenschaften und Eignungen.

Umgekehrt kann aber der Kreis dieser Eigenschaften und Eignungen über den sachlichen Umfang hinaus eine Erweiterung erfahren. Es kann das Interesse und daher auch die Absicht bestehen, einige oder auch alle (sachlich) allgemeineren Eigenschaften bezw. Eignungen mit zur Erprobung zu stellen.[1])

Das führt zu der Folgerung: Auch selbständig ohne Rücksicht auf Feststellung eines besonderen Wirkungs- bezw. Verwendungszwecks, also auch ohne die sachliche Begrenzung, kann die Erprobung von als ungewiß angesehenen Eigenschaften bezw. Eignungen durch besondere Parteibestimmung umgrenzt werden. Darunter würde auch eine besondere Bestimmung derart fallen, daß (neben, mit, oder) auch ohne besondere Verwendungs- bezw. Wirkungsfähigkeit allein das Gefallen oder Mißfallen des Käufers, also sein Belieben, der für die Erprobung maßgebende Gesichtspunkt sein soll.[2])

Worauf im einzelnen Falle der Parteiwille geht, kann naturgemäß allgemein nicht festgelegt werden, ergibt sich vielmehr stets aus seinen Umständen; Treu und Glauben im Verkehrsleben, Verkehrssitte und Handelsgebräuche werden zur rechtlichen Erfassung bedeutsam sein. Im Zweifel wird man jedenfalls anzunehmen haben, daß mangels anderweiter — irgendwie feststellbarer — besonderer Bestimmung alle und nur jene sachlich in Be-

---

[1]) Grundsätzlich steht dem nichts im Wege, sofern die in Betracht kommenden Eigenschaften nur in dem eben erörterten Sinne ebenfalls als ungewiß angenommen werden. Sie teilen dann das rechtliche Schicksal der sachlich „besonderen".

[2]) Sollen alle Eigenschaften bezw. Eignungen, auch die als gewiß angenommenen erprobt werden, so liegt ein eigenartiges Gesamt-Rechtsgeschäft vor: ein echter Kauf zur Probe mit einer eigenartigen, durch besondere Nebenabrede geschaffenen Erweiterung, nach der die Parteien das weitere Gewisse wie Ungewisses behandeln und es damit einheitlich den daraus entspringenden Rechtsfolgen unterwerfen. Solch Tatbestand hat besondere Bedeutung einmal naturgemäß für die Frage der materiellen Rechtsfolgen, dann auch für die Frage der prozessualen Beweislast; vgl. unten D I b II III c.

tracht kommenden besonderen Eigenschaften und Eignungen auch von den Parteien für die Erprobung in Aussicht genommen sind.

In der nach diesen beiden Richtungen gegebenen Begrenzung werden demnach die Eigenschaften bezw. Eignungen bezw. Wirkungen des Probegegenstandes zwecks Lösung der Ungewißheit von den Parteien zur Erprobung gestellt.

IV. Rechtsgeschäftlicher Zweck ist Gewährung der vollständigen Erprobungs-Gelegenheit.

Aufgabe der vorgesehenen und so umrissenen Erprobung war — nach dem Bisherigen — im Sinne des Vertrages die Lösung der Ungewißheit. Diese der Erprobung zugedachte Aufgabe ist an sich im Rechtsgeschäft „Kauf zur Probe" nicht allein eigentümlich; sie findet sich auch bei anderen Rechtseinrichtungen, in denen eine Ungewißheit über Vorhandensein von Eigenschaften bezw. Eignungen bezw. Wirkungen von den Parteien zunächst angenommen wird, so z. B. gerade beim „Kauf auf Probe". Der „Kauf auf Probe" hat wirtschaftlich seinen Hauptzweck darin, in demselben betreffenden Kaufgegenstand gerade *vor* definitiver Entscheidung nur einen *solchen* festzustellen oder doch feststellen zu können, der den Interessen des Käufers auch wirklich entspricht; beim „Kauf auf Probe" also Erprobung um des betreffenden Kaufes willen. Gegenüber dem „Kauf auf Probe" aber ist der „Kauf zur Probe" gerade von vornherein der fest und unbedingt geschlossene Kaufvertrag. Bei ihm gewinnt die in Aussicht genommene Erprobung noch in anderer kennzeichnender Beziehung Bedeutung.

a) Erprobung ist vertraglicher Selbstzweck.

Hier wirkt der wirtschaftliche Hauptzweck des Geschäftes ausschlaggebend: *Erprobung selbst bezw.*

deren Ermöglichung, als das Mittel für fernere zukünftige Ziele — vgl. oben B —. Dazu erwirbt der Käufer überhaupt nur den Gegenstand, weil er durch seinen Erwerb nur die hinreichende Gelegenheit zur Erprobung gewinnt. Nicht also Erprobung nur zur Lösung der Ungewißheit gerade wegen jenes einzelnen bestimmten Kaufgegenstandes — um in jenem bestimmten einen genehmen Kaufgegenstand mit allen besonderen zweckentsprechenden Eigenschaften und Eignungen zu erwerben bezw. zu gewähren —, sondern Erprobung um ihrer selbst willen, indem sie für die Zukunft Gewißheit schafft und so Sammlung von Erfahrungen bewirkt: nicht Erprobung um des Kaufes, sondern Kauf um der Erprobung willen! Wirtschaftlich ist Erprobung Selbstzweck.

Diese Kennzeichnung der Erprobung muß aber im Inbegriff des Gesamt-Rechtsgeschäftes selbst in gleicher Richtung erfolgen: Auch im Sinne des Vertrages wollen die Parteien der Erprobung keine andere Bedeutung beimessen — zu einer Änderung ihrer Auffassung lediglich im Rechtsgeschäft haben sie keinen Anlaß, für deren Beibehaltung spricht alle Wahrscheinlichkeit; eine andere Bedeutung kann der Erprobung an sich vernünftigerweise bei der Sachlage im Augenblick der Vornahme des Rechtsgeschäftes gar nicht beigemessen werden.[1]) Damit ist Erprobung auch im Sinne des Rechtsgeschäftes — von Vertrags wegen Selbstzweck.

b) Gewährung der vollständigen Erprobungsgelegenheit ist Vertragszweck.

Dieser Bedeutung der Erprobung bei dem Rechtsgeschäft „Kauf zur Probe" entspricht aber auch ein Einwirken auf den rechtsgeschäftlichen Zweck selbst.

Der wirtschaftliche Zweck eines Geschäftes und der rein rechtsgeschäftliche Zweck des betr. Rechtsgeschäftes

[1]) Wobei die Frage der Rechtswirkung solcher Bedeutung hier zunächst dahingestellt bleiben mag.

können und werden oft, brauchen aber nicht sich zu decken. Einen im Wirtschaftsleben besonders wichtigen und weittragenden Fall bietet die rechtliche Organisation der „Kartelle".[1]) Für das gegenwärtig behandelte Gebiet selbst: Kauft z. B. ein Industrieller ohne jede andere vertragliche Bestimmung von einer optischen Fabrik ein bestimmtes, gewöhnlich zu einem photographischen Apparate verwendetes „Objektiv", so ist der Kauf ein gewöhnlicher, mit dem typischen rechtsgeschäftlichen Zweck eines solchen: trotzdem kann der Käufer mit diesem Rechtsgeschäfte „gewöhnlicher Kauf" den wirtschaftlichen Hauptzweck verfolgen und erreichen: Erprobung des gekauften Gegenstandes auf besondere Eigenschaften bezw. Eignungen, auf einen besonderen Verwendungs- bezw. Wirkungszweck hin, zur Sammlung von Erfahrungen — dasselbe also, wie mit dem wirtschaftlichen Hauptzweck des „Kaufes zur Probe". Allerdings mag er andererseits nicht den (Gattungs-) Gegenstand, der ihm für seine Zwecke besonders lehrreich wäre, mag ihn vor allem nicht zu so günstigen Bedingungen kaufen, wie er ihn erhalten hätte, wenn der Verkäufer in einem entsprechenden Rechtsgeschäfte aus einem günstigen Ergebnis der Erprobung weitere nutzbringende Geschäftsverbindungen in Aussicht nehmen durfte. Bei solcher Sachlage entspricht der rechtsgeschäftliche Zweck nicht dem wirtschaftlichen: rechtsgeschäftlicher Zweck des geschlossenen Vertrages war lediglich, dem Käufer an dem betr. Gegenstande das Eigentum zu verschaffen, frei von Rechten Dritter, und ihn in seinen Besitz zu setzen, und zwar in der vorhanden gewesenen Beschaffenheit, jedoch so, daß er eine gewisse, den Bestimmungen der §§ 459 Abs. 1 und event. 480 BGB. entsprechende Tauglichkeit erwarten durfte. Der Grund für die Verschiedenheit liegt in der Nichteinbeziehung des wirtschaftlichen Zwecks in den rechtsgeschäftlichen. Bei dem Beispiel aus dem Gebiet des Kaufes

[1]) Vgl. Flechtheim, Deutsches Kartellrecht, Bd. 1 (1912) im bes. S. 7.

in der vertraglichen Nichteinbeziehung; bei jenem aus dem Gebiet der Kartelle in dem sachlichen Nicht-Zureichen der bisher anerkannten gesetzlichen Gesellschaftsformen.

Für den wirtschaftlichen Zweck zureichend wird eine Rechtsform dann sein, wenn sie in dem mit ihr gewollten rechtsgeschäftlichen Erfolge ein vom verfolgten wirtschaftlichen Zweck aus richtiges Ergebnis hat: die zureichende Rechtsform von Rechts wegen — die gesetzliche im weiteren Sinne — muß in ihrem typischen rechtsgeschäftlichen Erfolge dem wirtschaftlich gewollten entsprechen; ist die wirtschaftlich-typische. Sie ist im Zweifel von den Parteien gewollt und angewendet.

Eine in diesem Sinne zureichende Rechtsform ist aber das Rechtsgeschäft „Kauf zur Probe". Wirtschaftlicher Zweck war Erprobung bezw. Ermöglichung der Erprobung eines gewissen Gegenstandes seitens des Käufers auf besondere Verwendungs- bezw. Wirkungsfähigkeit, Mittel das vorliegende Rechtsgeschäft, genannt „Kauf zur Probe", das ihn in die Lage setzen soll. Bei ihm soll die Ungewißheit über Eigenschaften bezw. Eignungen in jener Richtung durch Erprobung gelöst werden. Aber die Erprobung ist eben — wie festgestellt, beim „Kauf zur Probe" auch vertraglich Selbstzweck — im Sinne des Vertrages Kauf um der Erprobung willen. Notwendig muß auch das Ziel des rechtsgeschäftlichen Wollens von Haus aus darauf gerichtet sein; es muß die Vornahme der Erprobung selbst rechtsgeschäftlich vorbereiten: Ist das Verschaffen der vollständigen Gelegenheit zur Erprobung in rechtlicher Beziehung. Die Gewährung der Erprobungsgelegenheit ist beim Rechtsgeschäft „Kauf zur Probe" rechtsgeschäftlicher Zweck.

Allerdings eben nicht bloß die Erprobungsgelegenheit in irgend welcher beliebigen Form, sondern, da regelmäßig aus wirtschaftlichen Gründen — vgl. oben B — die hinreichende Ausprobungsgelegenheit nur in der Möglichkeit für den Erprobenden („Käufer") gegeben ist, den Gegenstand wie ein Eigentümer zu behandeln — unter Erwerb des Probegegenstandes zu Eigentum und Besitz, frei von Rechten Dritter; da andererseits der so veräußernde und gewährende („Verkäufer") ebenfalls aus wirtschaftlichen Gründen einen Gegenwert für seine Leistungen erwarten muß und erwartet, nur gegen Entgelt („Kaufpreis"). Das Rechtsgeschäft „Kauf zur Probe" ist danach in der Tat ein eigenartiger Kaufvertrag, in seinem rechtsgeschäftlichen Zwecke genau dem gewollten wirtschaftlichen Erfolge angepaßt, eine wirtschaftlich-typische und damit die zureichende Rechtsform.

Erprobung als vertraglicher Selbstzweck und Gewährung der vollständigen Erprobungsgelegenheit als rechtsgeschäftlicher Zweck — das ist das wichtigste Merkmal des „Kaufes zur Probe", der dritte und wichtigste Grund auch seiner Eigenart in Rechtsnatur und Rechtsfolgen.[1] [2]

c) Der eigentliche „Kaufgegenstand".

Was wird beim „Kauf zur Probe" verkauft bezw. gekauft? Die Erkenntnis von der Zweckbedeutung der Erprobung führt unmittelbar zur Antwort:

Der rechtsgeschäftliche Zweck beim „Kauf zur Probe" geht auf Gewährung der vollständigen Erprobungsgelegen-

[1]) Selbstverständlich kann dem Rechtsgeschäft die Eigenart nicht deshalb abgesprochen werden, weil ja die „Gelegenheit zur Erprobung" der Käufer auch mit dem „gewöhnlichen Kauf" erreichen konnte und er daher vielleicht weniger wirtschaftliche Veranlassung haben würde, gerade einen „Kauf zur Probe" abzuschließen: abgesehen von den schon erwähnten möglichen besonderen wirtschaftlichen Nachteilen, ist auch rein rechtlich gerade der „Kauf zur Probe" in verschiedener Beziehung auch für den Käufer von so eigenartigen Rechtsfolgen, daß es für ihn ratsam erscheint, die richtige Rechtsform zu wählen; vgl. unten D III.

[2]) Die Feststellung im Text ist im Rahmen des Rechtsgeschäftes „Kauf zur Probe" wesentlich aus dem Leitsatz: „Erprobung ist vertraglicher Selbstzweck" selbständig entwickelt worden. Zu einer gleichen Feststellung führt

heit für den bestimmten Probegegenstand. Die Erprobungsgelegenheit erscheint unter zwei verschiedenen Gesichtspunkten: sie wird getragen in dem Probegegenstand an sich und in seinem eigentümlichen Besitze. Der einheitliche Inbegriff beider ergibt als Kaufgegenstand: den Probegegenstand als Träger der Erprobungsgelegenheit, und zwar wegen bestimmter besonderer, noch ungewisser Eigenschaften bezw. Eignungen bezw. Wirkungen. Nicht also wie beim gewöhnlichen Kaufe nur der einzelne betreffende Gegenstand, sondern dieser in ganz besonderer und zwar in seiner für das Rechtsgeschäft wichtigen Qualität. Der Probegegenstand in qualitativer Erweiterung. Die Qualität steht [1]) dabei derart im Vordergrunde, daß ich nicht anstehe, die letzte Folgerung zu ziehen: eigentlicher Kaufgegenstand ist die vollständige, an einem bestimmten Gegenstande vergegenständlichte Erprobungsgelegenheit — die vollständige Sach-Erprobungs-Gelegenheit.[2]) [3])

---

indessen auch der organische Zusammenhang der anderen einzelnen Vertragsbestandteile so, wie sie in dem einen einheitlichen Rechtsgeschäfte zusammengeschlossen sind; vgl. hierzu unter diesem Gesichtspunkte die Ergebnisse zu D im bes. II.

[1]) Wie etwa die besondere Marktgängigkeit bezw. Bekanntschaft eines Handelsgegenstandes in seiner „Marke".

[2]) Der Wortteil „Sach-" ist hier in dem Sinne von „Gegenstand" und nur der Kürze wegen so gebraucht.

[3]) Für die rechtliche Wertung dieses Kaufgegenstandes vgl. unten D I b und II.

Die Annahme der „Erprobungs-Gelegenheit" als eines Gegenstandes des Rechtsverkehrs bietet der Rechtsdogmatik keine Schwierigkeit.

„Erprobungs-Gelegenheit" steht, unter anderem, neben „Erwerbsaussicht" — „Gewinnaussicht", „Chance", „Hoffnung", „Anwartschaft" — in der Reihe der Anwartschaften und Möglichkeiten, überhaupt der „Aussichten", sei es materieller, sei es ideeller — wirtschaftlicher, geistiger oder ästhetischer — Natur, in denen eine fortgeschrittene Kultur allgemein gültige, zu Lebensgütern in unmittelbarer Beziehung stehende und selbst als Lebensgüter anzusprechende Interessen der Kulturmenschheit verkörpert sieht; „Aussichten", die trotz allem persönlichen Einschlag und Interesse doch eine gewisse,

Indessen, ob man den Kaufgegenstand in der einen oder anderen Weise bezeichnet, in beiden wird eben die Erprobungs-Gelegenheit konkretisiert in dem bestimmten

---

aus dem Inbegriff von Lebensumständen und -zuständen mittels Erfahrungsschlusses gegebene selbständige, im Prinzip verallgemeinerte Bedeutung haben und damit auch eine in gewissem Sinne selbständige Bewertung erfahren. „Chancen", von denen Oertmann, Kom. (3./4.) Vorb. vor § 433 N. 1 b, sagt: die gegenwärtige Chance habe als solche schon einen gewissen Vermögenswert. Im Sinne von Kohler als „immaterielle Rechtsgüter" zu bezeichnen, wie die als Gegenstand des Tausch- und Gesellschaftsvertrages im modernen Recht eingeführte „Gefahr", vgl. Kohler-Dernburg BR. VI (1910) 8. Buch, § 6 IX (S. 367).

„Erprobungs-Gelegenheit" ist in diesem Sinne die Aussicht auf wirtschaftliche Erfahrung oder Belehrung.

In diesem Sinne ist auch der Gegenstand des unter der Bezeichnung „Hoffnungskauf" bekannten Rechtsgeschäftes aufzufassen, als „Erwerbsaussicht" oder „Gewinnaussicht", so Dernburg BR. II, 2 (3.) § 169, IV, Oertmann, a. a. O., er weist zutreffend zum Vergleich hin auf die „Absatzgelegenheit", wie sie beim Kauf eines Unternehmens in Frage steht -- beide wählen den Ausdruck „Gewinnchance" —; Staub, Kom. z. HGB. (9.) Exk. vor § 377 N. 55 und KvRGR. (2.) z. § 433 N. 2 („Gewinnaussicht"); Förster-Eccius, Preuß. PrivRecht Bd. 2 (6.) § 128 F.: „Hoffnung"; auch Enneccerus, Lehrb. I, 2 (6./8.) § 324, II, 2, b u. N. 11 — unzutreffend und widersprechend, wenn er „Gewinnchance" dahin definiert: „der sich als Gewinn ergebende Gegenstand, sofern ein solcher zur Entstehung kommt" —; a. A. Staudinger, Kom. II, 1 (7./8.) z. § 433 N. V, 1 f.: Kaufgegenstand „diejenige Sache, die der Verkäufer etwa zu liefern hat, sodaß die Besonderheit des Hoffnungskaufes nur darin besteht, daß die Gewähr des Verkäufers für den Umfang seiner Lieferung eigenartig festgesetzt wird" und die dort und bei Oertmann angeführten (Bechmann, Endemann). -- Vgl. hierzu unten D I b N. 2. auf S. 58.

Naturgemäß kann es bei der „Erprobungs-Gelegenheit" als Kaufgegenstand nicht maßgebend sein, daß *in concreto* nur gerade der Käufer die Erprobungs-Gelegenheit als solche noch für sich feststellte, während sie für einen anderen etwa als solche gar nicht in Betracht gekommen wäre; denn die „Erprobungs-Gelegenheit" ist auch *in abstracto* nur unter dem besonderen Verwendungs- bezw. Wirkungszweck des Erprobungs-Interessenten, vornehmlich des Käufers begreifbar, und der richtige Maßstab wird deshalb für den einzelnen Fall nur subjektiv gefunden werden können. Nichtsdestoweniger aber *besteht* doch an sich die „Erprobungs-Gelegenheit" mit der ihr eigenen gewissen selbständigen Bewertung für *jeden* Interessenten, mögen es im vorkommenden Falle auch nur die beiden Vertragsparteien selbst sein.

realen Probegegenstande und vollständig erst durch die Gewährung seines eigentümlichen Besitzes und die tatsächliche Ermöglichung der Erprobung. Die daraus sich ergebenden Vertragspflichten, überhaupt Rechtsnatur und Rechtsfolgen, müssen also bei beiden die gleichen sein.

d) Die Erprobung steht im Belieben des Käufers.

Die Klarlegung der Bedeutung der Erprobung im Rahmen des Gesamt-Rechtsgeschäftes ergibt in Beziehung auf die Ausführung der Erprobung: Das „zur Erprobung stellen" der besonderen Eigenschaften bezw. Eignungen des Probegegenstandes soll eine besondere Rechtswirkung jedenfalls in Richtung einer Verpflichtung zu solcher Erprobung nicht haben: der Kauf zur Probe ist eben ein in sich geschlossener, im Gegensatz zum „Kauf auf Probe" durch nichts bedingter, aber auch von künftigen anderen Rechtsgeschäften rechtlich unabhängiger Kaufvertrag über den betreffenden Probegegenstand. Der Kauf zur Probe erschöpft sich in der Gewährung der vollständigen Sach-Erprobungs-Gelegenheit für den Käufer; über sie hinaus soll er künftige selbständige Verpflichtungen nicht wirken. So wenig wie eine Verpflichtung des Käufers der Probe zur Fortsetzung der Geschäftsverbindung — durch Begründung weiterer Rechtsbeziehungen, im besonderen zum Abschluß von Käufen über nunmehr größere Mengen — bei günstigem Ausfall der Erprobung, wollen im Regelfalle die Parteien die Verpflichtung zur Vorbereitung des Urteils und Entschlusses durch Ausführung der Erprobung. In seinem Urteil über deren Ergebnis ist der Käufer selbstherrlich, ein künftiger Entschluß zur Verwertung, im besonderen die Erwägung für und wider, steht ihm grundsätzlich allein als Ausfluß seiner Handlungsfreiheit zu. Nur in Aussicht gestellt ist eine weitere künftige Geschäftsverbindung; ist aber im Regelfalle der Entschluß des Käufers nach der Erprobung dem Einfluß des Verkäufers entzogen, so besteht für ihn im Rahmen des Kaufes zur Probe auch kein innerer Grund, die Ausführung der Erprobung beanspruchen zu können.

Grundsätzlich besteht zur Erprobung eine Verpflichtung des Käufers nicht; Erprobung steht im freien Belieben des Käufers.[1])

e) Wirtschaftliches und rechtliches Interesse an der Erprobung bezw. deren Ermöglichung.

Es bleibt für den Rechtsinbegriff des „Kaufes zur Probe" zu prüfen: ob ein Interesse an der Erprobung bezw. deren Ermöglichung, und gegebenenfalls welches, Wesensmerkmal ist.

1. In der rein wirtschaftlichen Grundlage des Rechtsgeschäftes — vgl. oben B — ist solches Interesse — auf der einen oder andern, in der Regel auf beiden Seiten — gegebene Voraussetzung; sollen doch vom Ausfall der Erprobung für beide Teile gewichtige wirtschaftliche Aussichten abhängen. Das Interesse liegt aber auch im Wesen des Rechtsgeschäftes „Kauf zur Probe": ist gerade E r p r o b u n g von Vertrags wegen Selbstzweck, so ist damit gleichzeitig das Interesse an der Erprobung von Vertrags wegen gegeben. Denn die Erprobung als Selbstzweck bedeutet Kauf um der Erprobung willen, verkörpert also gerade sinnfällig das Interesse.

Das „Interesse" an etwas kann an sich ein rein wirtschaftliches, daneben auch ein rechtliches, oder ein rein rechtliches sein; rechtlich dann, wenn an den Eintritt des erwarteten gewisse Rechtsfolgen, besonders Rechtsveränderungen geknüpft werden. Beim „Kauf zur Probe" kann das Interesse jedenfalls ein ausschließlich rechtliches nicht

[1]) Nicht der Regelfall ist es, wenn der Käufer die Verpflichtung zur Erprobung oder zum Kauf größerer Mengen bei gutem Ausfall der Erprobung des zur Probe gekauften Gegenstandes übernimmt. Im ersteren Falle: Kauf zur Probe mit besonderer Nebenabrede; im anderen: eine Verbindung eines Kaufes zur Probe mit einem bedingten weiteren Kauf, event. „Kauf nach Probe".

sein; denn wenn Erprobung (von Vertrags wegen) Selbstzweck ist, so ist das zunächst jedenfalls ein wirtschaftliches Interesse — Kauf um der Erprobung willen. Da aber die Bedeutung der Erprobung als vertraglicher Selbstzweck von vornherein auch auf den rechtsgeschäftlichen Zweck selbst einwirkt, so muß beim „Kauf zur Probe" das Interesse an der Erprobung bezw. deren Ermöglichung auch ein rechtliches sein — gerade an den gefundenen rechtsgeschäftlichen Zweck sollen sich knüpfen und knüpfen sich denn auch eigentümlichste Rechtserscheinungen — vgl. oben IV b und c und unten D II u. III —. In einer Richtung nur ist das rechtliche Interesse von vornherein im Sinne des Vertrages beschränkt: es wirkt nur auf den Inbegriff des einheitlich geschlossenen Rechtsgeschäftes „Kauf zur Probe" selbst; das rechtliche Interesse an der Erprobung geht nicht so weit, daß der Verkäufer die Ausführung der Erprobung vom Käufer in der Zukunft zu verlangen berechtigt wäre — vgl. oben IV d —.

2. Danach ist das Interesse an der Erprobung wirtschaftliches und rechtliches Wesensmerkmal des „Kaufes zur Probe"; wie andere Wesensmerkmale auch von Vertrags wegen, beruhend auf der in der Vornahme des Rechtsgeschäftes liegenden Übereinkunft der Parteien. Wie bei der Ungewißheit — vgl. oben II — wird es also von Vertrags wegen angenommen, wenn es auch im praktischen Einzelfalle tatsächlich-objektiv nicht vorliegen sollte. Auch hier kann das Interesse, auf das die Annahme sich bezieht, verschieden in den Personen der Parteien vorliegen; auch hier genügt es, wenn im Kaufabschluß von beiden Parteien übereinstimmend das Interesse — an derselben Erprobung — überhaupt als vorliegend angesehen wird, beim Käufer oder Verkäufer, ohne daß eine Feststellung erforderlich wäre, auf wessen Seite. Das vertraglich anerkannte Interesse auf irgend einer Seite gibt den inneren Grund für den Abschluß des

Rechtsgeschäftes zur Erreichung seiner besonderen Rechtsfolgen; es hat daher im Wesen des „Kaufes zur Probe“ auch jede dieser Möglichkeiten grundsätzlich dieselbe Bedeutung.

3. Fehlt im praktischen Einzelfalle jedes wirkliche oder auch nur vertraglich angenommene wirtschaftliche Interesse an der Erprobung, so kann das abgeschlossene Rechtsgeschäft, wenn auch als „Kauf zur Probe“ bezeichnet, als solcher im Rechtssinne nicht angesprochen, muß vielmehr, wie im Falle der völlig fehlenden „Ungewißheit“ — vgl. oben II, 3 — behandelt werden: denn der erklärte Mangel jeglichen Interesses an der Erprobung kann in den Parteien die Vorstellung, ein eigenartiges, vom gewöhnlichen Kaufe verschiedenes und mit weitgehenden besonderen Rechtsfolgen ausgestattetes Rechtsgeschäft abschließen zu wollen, nicht gut zulassen.[1] [2]

---

[1] Ein gänzlich anderes Rechtsgeschäft liegt vor, wenn ohne jegliches wirkliche oder angenommene Interesse an der Erprobung der Verkäufer den Käufer zur Erprobung verpflichtet. Solchenfalls handelt es sich entweder um einen vertragsmäßig erweiterten gewöhnlichen Kauf oder je nach den Umständen um eine Verbindung eines anderen selbständigen Rechtsgeschäftes mit einem gewöhnlichen Kauf.

[2] „Erprobung bezw. deren Ermöglichung als vertraglicher Selbstzweck“ und „— wirkliches oder angenommenes — Interesse an der Erprobung“ sind in ihrem Wesensgrunde für den Vertragsinbegriff des „Kaufes zur Probe“ identisch: Erscheinungsseiten desselben Wesensbestandteils. Das letztere ist das umfassendere, allgemeinere Prinzip für die Behandlung der Ungewißheit in dem zur Erprobungverstellen überhaupt; im ersteren findet sich neben demselben allgemeineren ein besonderes höheres Prinzip, in welchem dem „Interesse an der Erprobung“ seine eigenartige Stellung im Rechtsgebiet des „Kaufes zur Probe“ zugewiesen wird — als eigentümlicher Inbegriff beider Prinzipien.

Diese Klarstellung ist von praktischer Bedeutung: mit dem Prinzip „Erprobung: vertraglicher Selbstzweck“ wird im Einzelfalle stets gleichzeitig „das — wirkliche oder angenommene — Interesse an der Erprobung“, ohne dieses aber niemals jenes erstere — also „Kauf zur Probe“ — überhaupt festzustellen sein. Nichtvorliegen oder Vorliegen des „Interesses an der Erprobung“ von Vertrags wegen ist also ein wichtiges praktisches Kennzeichen für das Nichtvorliegen oder Vorliegen des „Kaufes zur Probe“ überhaupt.

V. Der „besondere“ Verwendungs- bezw. Wirkungszweck an sich.

a) Für den Kauf zur Probe wesenseigentümlich.

Die wichtige Bedeutung des „besonderen“ Verwendungs- bezw. Wirkungszwecks beim Kauf zur Probe ist bereits — bei II und III, bes. III b — hervorgetreten. Er ist der Brennpunkt; auf ihn, als einen positiven Grundbestandteil, ist der Kauf zur Probe geradezu eingestellt: die Ungewißheit über Eigenschaften bezw. Eignungen des gekauften Probegegenstandes sowohl wie die Inaussichtnahme künftiger Erprobung und deren Umfang, ein jedes aus dem Grunde seiner Natur. Ohne diesen „besonderen“ Zweck gebricht es dem Kauf zur Probe an einem inneren Halt gerade in seinem eigentümlichsten Wesen. Zum Kauf zur Probe gehört ein „besonderer“ Verwendungs- bezw. Wirkungszweck.

Es fragt sich: wie er bestimmt und erkannt wird.

b) Arten der Bestimmung.

Alle vertragswesentlichen bezw. vertragseigentümlichen Bestimmungen des Kaufes zur Probe können naturgemäß grundsätzlich nur vertragliche im weiteren Sinne sein; sie bilden selbst erst den eigenartigen gegenseitigen Vertrag als seine Bestandteile. Sind sich die Parteien nicht über alle diese Bestandteile einig, so entsteht ein „Kauf zur Probe“ jedenfalls überhaupt nicht. Das gilt ebenso von dem zutreffenden „besonderen“ Verwendungs- bezw. Wirkungszweck.

Dessen Bestimmung kann selbst jedoch in mehrfacher Weise erfolgen: durch besondere Parteibestimmung oder nach allgemeiner Norm. Regelmäßig durch besondere Parteibestimmung. Sie ist naturgemäß in erster Linie maßgebend.

1. Durch besondere Parteibestimmung.

Die Bestimmung des besonderen Verwendungs- bezw. Wirkungszwecks durch besondere Parteibestimmung (Kennzeichnung) sowohl wie die oben (III b 2) erörterte besondere Parteibestimmung des Umfanges der Erprobung haben gleiche Natur. Ihr Verhältnis zu sachlicher Begrenzung hier, der Bestimmung aus allgemeiner Norm dort, ist ein ähnliches wie das der beiden beim gewöhnlichen Kauf in § 459 Abs. 1 BGB. gegebenen Tatbestände zueinander: Wert oder Tauglichkeit zu dem „nach dem Vertrag vorausgesetzten" und „gewöhnlichen" Gebrauche. Der „gewöhnliche" Gebrauch und damit die erforderlichen entsprechenden Eigenschaften und Eignungen eines Kaufgegenstandes sind nach allgemeinem, in gewissem Sinne objektiven Maßstabe festzustellen.[1]) Fehler bezw. Mängel des Kaufgegenstandes sind dabei sein Zurückbleiben in Eigenschaften bezw. Eignungen hinter der allgemeinen normalen Gebrauchsfähigkeit und Beschaffenheit.[2]) Gegenüber diesem objektiv normierten Tatbestande ist der „nach dem Vertrage vorausgesetzte" Gebrauch der subjektiv normierte.

Auch beim Kauf zur Probe sind jene beiden besonderen Bestimmungen die subjektiv normierten Tatbestände gegenüber jenem objektiv normierten. Genau wie bei dem „nach dem Vertrage vorausgesetzten" Gebrauch im Sinne des § 459 Abs. 1 S. 1 [3]) müssen beide Bestimmungen vertragliche, durch Willenseinigung beider Parteien zum Vertragsinhalt geworden sein. Es genügt nicht die einseitige Voraussetzung in Zweckbestimmung und Abgrenzung seitens des Käufers, auch nicht, wenn sie dem Verkäufer erkennbar oder sogar einseitig vom Verkäufer oder Käufer ausdrücklich geäußert worden ist, solange der Käufer bezw. Verkäufer seinerseits mit dem Gegner sich nicht willenseins erklärt hat.

---

[1]) Vgl. RG. Bd. 70 S. 85: Es entscheide „die Verkehrsanschauung mit Rücksicht auf die örtliche und sonstige Lebensanschauung".

[2]) Vgl. Enneccerus, Lehrb. I, 2 (6./8.) § 331 II a 1 und N. 4.

[3]) Vgl. Enneccerus, a. a. O.; Oertmann, Kom. (3./4. Aufl.) z. § 459 N. 4; Staudinger, Kom. Bd. II, 1 z. § 459 N. III 1 b; RG. Bd. 70 S. 86; Eccius b. Gruch. Bd. 43 S. 308; Wolff, Sachmängel b. Kauf JfD. Bd. 56 S. 19 mit größtenteils zu billigenden kritischen Bemerkungen.

Auch hier kann die betreffende Bestimmung nur als vertragliche, also in Willenseinigung ausdrücklich oder stillschweigend erfolgen. Ob und wie sie im einzelnen Fall erfolgt, richtet sich nach den Umständen des Falles: nach Verkehrsauffassung, Treu und Glauben mit Rücksicht auf Verkehrssitte, Handelsgewohnheiten und Handelsgebräuche, § 157 BGB., § 346 HGB.

Besonders hinzuweisen ist in diesem Zusammenhange — wie übrigens für die Feststellung der Wesensbestandteile des Kaufes zur Probe überhaupt — auf die Kurzsprachigkeit des Geschäfts- besonders Handelsverkehrs: dessen verfeinerte Bildung und Durchbildung wird zu Abkürzungen und Versinnbildlichungen führen, bei denen im Einzelfalle die Abgrenzung nicht unerheblichen praktischen Schwierigkeiten begegnen kann. Praktisch wird der Fall völligen Fehlens der in Rede stehenden besonderen Bestimmung nicht zu häufig anzunehmen sein, in der Regel werden eben zum mindesten die Umstände eine Übereinkunft in ihrer Richtung ergeben.

Rechtlich unerheblich ist, nach wessen Interesse die besondere Bestimmung erfolgt — sofern nicht dadurch jegliches wirkliche oder angenommene Interesse des Käufers überhaupt ausgeschaltet wird, vgl. oben IV e —, und ob sie einen wirklich verfolgten oder einen nur vorgeblichen Verwendungs- bezw. Wirkungszweck aufstellt.

Die besondere Parteibestimmung des „besonderen" Verwendungs- bezw. Wirkungszwecks führt zu einer Eigentümlichkeit des Kaufes zur Probe bei dem Verhältnis, in dem die beiden Zweck-Kategorien des Kaufes zur Probe (besonderer und allgemeinerer) zu denen des gewöhnlichen Kaufes im Sinne des § 459 Abs. 1 S. 1: Eignungen zu dem „nach dem Vertrage vorausgesetzten" und zu dem „gewöhnlichen" Gebrauche stehen.[1]) Unter den beiden

[1]) Hinzuweisen ist hier, daß diese Unterscheidung unter einem völlig anderen Gesichtspunkte als dem für den „Kauf zur Probe" eigentümlichen

Kategorien des § 459 Abs. 1 S. 1 stellt sich die erstere als die allgemeinere, die andere als eine umgrenztere, auch „besondere" gegenüber jener dar. Es können nun bei „Kauf zur Probe" im Rechtssinne die allgemeineren, also nicht zur Erprobung gestellten Eigenschaften und Eignungen je nach der Bestimmung des „besonderen" Verwendungs- bezw. Wirkungszwecks gegenüber einem gewöhnlichen Kaufe — der für den Käufer oder Verkäufer wirtschaftlich ebenfalls nur ein Kauf zur Probe sein mag, von den Parteien nur nicht rechtlich zu solchem gestempelt wird — dessen beide Kategorien: die „allgemeineren" und „besonderen" im Sinne des § 459 Abs. 1 S. 1 umfassen; es können die „besonderen", also zur Erprobung gestellten Eigenschaften und Eignungen des „Kaufes zur Probe" dagegen erst jenseits in einem engeren Gebiet liegen. Es können ferner die „besonderen" des „Kaufes zur Probe" sich mit den „besonderen": zu dem nach dem Vertrage vorausgesetzten Gebrauche nötigen im Sinne des § 459 Abs. 1 S. 1 decken. Es kann aber auch beim „Kauf zur Probe" der „besondere" Gebrauchszweck so gedacht sein, daß er sich nit dem „allgemeineren" (gewöhnlichen) Gebrauchszweck des gewöhnlichen Kaufes i. S. § 459 Abs. 1 S. 1 deckt oder gar über ihn hinaus noch allgemeinere Merkmale aufweist: dann können im ersteren Falle die „besonderen" Eigenschaften bezw. Eignungen des „Kaufes zur Probe" als die „allgemeineren" (gewöhnlichen) erscheinen, oder im andern Falle die „besonderen" des „Kaufes zur Probe" noch weniger Anforderungen als die „allgemeineren" des § 459 Abs. 1 S. 1 unterliegen. Stets wird beim „Kauf zur Probe" für die zur Erprobung gestellten Eigenschaften und Eignungen jene unmittelbare Beziehung zu dem so oder so bestimmten „besonderen" Verwendungs- bezw. Wirkungszweck maßgebend sein. Aber allein die rechtliche Bestim-

besteht, und daß dieselbe Unterscheidung auch für den „Kauf zur Probe" selbst insoweit Anwendung findet, als nicht seine eigentümlichen Rechtsfolgeerscheinungen reichen. Vgl. unten D III b.

mung seitens der Parteien über das Geschäft als das eines gewöhnlichen Kaufes oder eines „Kaufes zur Probe“ hat das eigenartige Verhältnis der je in Betracht kommenden Eigenschaften und Eignungen und ihre rechtliche Wertung zur Folge.

Ist die besondere Parteibestimmung oder „Voraussetzung“ des Käufers oder Verkäufers für den „besonderen“ Verwendungs- bezw. Wirkungszweck eine einseitige geblieben, so ist die maßgebende Grundlage anderweit zu suchen.

2. Aus allgemeiner Norm.

Anderweite Feststellung aus dem Wesen des „Kaufes zur Probe“, vor allem seinem praktischen Zwecke, führt zu folgendem:

Das Bedürfnis zu solcher Ergänzung zunächst ist unbedingt zu bejahen. Wäre sie nämlich grundsätzlich nicht anzunehmen, so fehlte es dem „Kauf zur Probe“ an dem praktisch wohl wichtigsten Bestandteile in der Bestimmung des „besonderen“ Verwendungs- bezw. Wirkungszwecks überhaupt. Man käme zu einem grundsätzlichen Offenbleiben dieses Punktes, ein „Kauf zur Probe“ wäre nicht entstanden.[1]) Solchem Erfolge aber würden gewisse Grundvoraussetzungen widersprechen: auch für den grundsätzlichen Aufbau einer praktischen Rechtseinrichtung sind zur Normenfeststellung Treu und Glauben, Verkehrssitte, Handelsgewohnheit und Handelsgebräuche heranzuziehen, um den Parteien solches Geschäftes gerecht zu werden. Danach aber hindert der Mangel der besonderen Parteibestimmung den Vertragsbestand nicht. Auszugehen ist vielmehr davon, daß die Parteien, in der Regel solche des Handelsverkehrs, den „Kauf zur Probe“ als solchen auch ohne jene besondere vertragliche Bestimmung wollten und damit vernünftige Zwecke verfolgten. Das führt zur Aufrechterhaltung des Vertrages ohne sie.

---

[1]) Nach den Grundsätzen der §§ 154, 155 BGB.

Es kann nun, wie oben III b 2 erörtert, eine subjektive Begrenzung des Umfanges der Erprobung durch besondere (vertragliche) Bestimmung vorliegen, die selbständig ohne Rücksicht auf die Bestimmung des „besonderen“ Verwendungs- bezw. Wirkungszwecks wirkt. Dann bliebe für den Einzelfall die Frage offen. Im gegenwärtigen Zusammenhange aber handelt es sich um grundsätzliche Klärung.

Wollen also die Parteien trotz des Fehlens einer besonderen vertraglichen Bestimmung des „besonderen“ Verwendungs- bezw. Wirkungszwecks [1]) den „Kauf zur Probe“ als solchen überhaupt, sind sie sich über seine Wesenserfordernisse im klaren und einig, so muß an Stelle der fehlenden „besonderen“ Bestimmung von ihnen ohne weiteres eine allgemeine Norm hierfür unterstellt sein, von der sie beiderseits ausgehen. Solche allgemeine Norm aus dem Wesen des Kaufvertrages ist für ihn die rechtlich gegebene.[2]) Sie ist folgendermaßen zu gewinnen:

a) In Frage steht, ob die allgemeine Normergänzung unter dem Gesichtspunkt der rein subjektiven Bestimmung des Umfanges der Erprobung oder unter dem der sachlichen Bestimmung des „besonderen“ Verwendungs- bezw. Wirkungszwecks zu finden wäre. Für grundsätzliche Normenfindung gerade mangels vertraglicher Bestimmungen wird ohnehin eine Ergänzung unter rein subjektivem Gesichtspunkte theoretisch schwer denkbar sein; man könnte hierauf erst dann kommen, wenn die Natur des Rechts-

---

[1]) Dieser Fall ist also wohl zu unterscheiden von den Fällen einerseits: in denen der „besondere“ Verwendungszweck zwar gegeben, aber die subjektive Begrenzung nicht vorgesehen ist, andererseits: in denen der „besondere“ Verwendungszweck so gefaßt ist, daß er sich sachlich mit dem des gewöhnlichen Kaufes deckt oder sogar noch allgemeiner als dieser gehalten ist.

[2]) Daß das positive Gesetz darüber keine Bestimmung gibt, ist naturgemäß kein Hindernis; denn es handelt sich ja bei dem „Kauf zur Probe“ überhaupt um eine Rechtseinrichtung, deren allgemeine rechtliche, also gesetzliche Grundlagen erst zu finden sind.

geschäftes nicht andere als sachlich anzusprechende Wege weist. Gerade für den „Kauf zur Probe" dürfte aber ein Weg im letzteren Sinne gegeben sein. Damit scheidet der Gesichtspunkt der rein subjektiven Ergänzung der besonderen Bestimmung aus. Umsomehr, als gerade unter mehr sachlichem Gesichtspunkte: die Ergänzung der sachlichen Bestimmung des „besonderen" Verwendungs- bezw. Wirkungszwecks zu einem brauchbaren Ergebnisse gelangt. Wenn auch unter dem sachlichen Gesichtspunkte gewisse Vorstellungen der Parteien hineinspielen, so ist doch bei ihm im wesentlichen gerade eine objektivere Abgrenzung des allgemeineren im Gegensatz zu einem „besonderen" Verwendungszweck möglich. Das aber ist eine überwiegend aus dem Wesen des „Kaufes zur Probe" geschöpfte.

Es kommt also mangels jeglicher besonderen Parteibestimmung bezw. „Voraussetzung" — i. S. einer vertraglichen — auf die allgemeine Norm für Feststellung des „besonderen" Verwendungs- bezw. Wirkungszwecks an: alle Eigenschaften bezw. Eignungen, die zu ihm in jener unmittelbaren Beziehung stehen, sollen zur Erprobung gestellt sein.

b) Der „besondere" Verwendungs- bezw. Wirkungszweck ist in gewöhnlichen Fällen des Kaufes zur Probe ein nach dem Vertrage vorausgesetzter. Er kann, wie erwähnt, mit einem nach dem Vertrage vorausgesetzten im Sinne des § 459 Abs. 1 S. 1 identisch, kann im Gegensatz zu diesem als einem „allgemeineren" ein noch speziellerer sein, sodaß der Gegenstand für verschieden abgestufte Arten von Verwendungstauglichkeit bezw. Wirkungsmöglichkeit in Betracht steht — unter der „besonderen", für die Erprobung vorgesehen ist, unter der „allgemeineren", die in jedem Fall von den Parteien erwartet bezw. zur Erwartung gestellt wird, und für welche Eigenschaften bezw. Eignungen des Gegenstandes nicht zur Erprobung stehen sollen.

Fehlt die vertragliche Bestimmung des „besonderen" Zwecks überhaupt, so könnte an sich (begrifflich) ein scharf begrenzter Unterschied zwischen dem „allgemeineren“ nach dem Vertrage vorausgesetzten Gebrauche und einem in irgend einer Richtung darüber hinausgehenden besonderen im Hinblick auf § 459 Abs. 1 S. 1 BGB. noch immer gedacht werden.[1]) Indessen zur grundsätzlichen Klärung eben mangels jeglicher vertraglichen Bestimmung jenes „besonderen“ Zwecks ist das Verhältnis zu den beiden für den gewöhnlichen Kauf vorgesehenen Arten von Gebrauchs- bezw. Wirkungszweck i. S. des § 459 Abs. 1 S. 1 BGB. überhaupt nicht verwertbar. Umsoweniger, als das Verhältnis dieser beiden Arten bei gewöhnlichem Kaufe selbst durchaus nur ein relatives und theoretisch schwer faßbares ist.[2]) Der für die Normierung des § 459 BGB. dem Gesetzgeber maßgebende Gesichtspunkt war der der Sachmängelhaftung. Der beim „Kauf zur Probe“ maßgebende dagegen ist der der (sachlichen) Bestimmung des Umfanges der Erprobung. Die dazu erforderliche Feststellung des „besonderen“ Verwendungs- bezw. Wirkungszwecks ist nicht eine Unterart einer der beiden Arten von Gebrauchszweck i. S. des § 459 Abs. 1, sondern beim Kauf zur Probe steht die Feststellung des „besonderen“ Verwendungs- bezw. Wirkungszwecks neben der des Gebrauchszwecks und der Eigenschaften des Kaufgegenstandes für Mängelgewähr.[3])

Danach ist also der „besondere“ Verwendungs- bezw. Wirkungszweck völlig unabhängig auch von dem Maßstabe des § 459 Abs. 1 BGB. und dem gegenseitigen Verhältnis beider zueinander zu suchen.

---

[1]) Solch Unterschied wäre begrifflich möglich, praktisch kaum mehr zu unterstellen; denn die Umstände würden wohl mit ziemlicher Regelmäßigkeit mangels anderweitiger Einigung den „allgemeineren“ nach dem Vertrage vorausgesetzten Gebrauch zugleich als einen „besonderen“ erscheinen lassen, in diesem Sinne wäre dann gerade der „besondere“ Verwendungszweck vertraglich bestimmt; der hier zu untersuchende Fall läge dann aber nicht vor.

[2]) Vgl. hierzu die kritischen Ausführungen von Wolff a. a. O., denen zum größten Teil zuzustimmen ist.

[3]) Eine gänzlich andere spätere Frage ist: welche Einwirkung der festgestellte besondere Verwendungszweck auf das Recht der Gewährleistung hat.

c) Wenn es an jeglicher vertraglichen Sonderbestimmung über ihn fehlt, so kann seine allgemeine Norm nur vermittels Rückschlusses aus positiv Gegebenem erfolgen. Das Gegenteil des „besonderen" Verwendungs- bezw. Wirkungszwecks ist der „allgemeine".

Der „allgemeine" Verwendungs- bezw. Wirkungszweck eines Kaufgegenstandes kennzeichnet sich durch das allgemein gültige in seiner weitesten Ausdehnung, durch das Fehlen der Beziehung zu jeglicher besonderen Voraussetzung. Diesem Erfordernis entspricht aber allein das Gattungsgemäße. Allein der aus dem Gattungsinbegriff erwachsende allgemeinste Gebrauchs- bezw. Wirkungszweck: der Gattungs-, Gebrauchs- bezw. Wirkungszweck ist der wirklich allgemeine; für ihn kommen nur die allgemeinsten Gattungseigenschaften und -Eignungen in Betracht.

Es bleibt die Gattung im erörterten Zusammenhang noch zu erläutern. Auch der Gattungsinbegriff ist nur in einem gewissen Sinne etwas objektives, aus der Fülle der Erscheinungen abstrahiertes; neben die Naturformen sind Kulturformen in unendlicher Kompliziertheit getreten. Je komplizierter der Inbegriff der Gattung, umsomehr aber setzt sie voraus. Als fraglich könnte erscheinen: ob die Mehrung solcher Voraussetzungen etwa bereits in das Gebiet eines „besonderen" Verwendungszwecks führe. Denn das eine ist ohne weiteres klar, daß bei dem Gegenstand einer komplizierten Gattung bereits konkrete Verwendungs- bezw. Wirkungszwecke von beiden Parteien vorausgesetzt werden. Mit innerer Notwendigkeit indessen führt, das sei hier vorweggenommen, die Grundvoraussetzung des gattungsgemäßen gerade zur zweifelsfreien einheitlichen allgemeinen Norm: Ist maßgebend die Gattung eines Gegenstandes, mag sie eine einfache Naturform oder mag sie eine komplizierte Kunstform in Hinsicht auf menschliche Lebensbedürfnisse und -Verwertungen sein, so muß die Tatsache der Allgemeinheit oder Spezialisiertheit des Verwertungsgebietes, damit der Einfachheit oder Kompliziertheit der Voraussetzungen solches Gattungsgegenstandes in Ansehung seiner Eigenschaften bezw. Eignungen grundsätzlich unerheblich bleiben; es verschiebt sich je nachdem der Inhalt des gattungsgemäßen, aber sein Begriff und damit sein Gebiet wird nicht überschritten.

Kauft jemand „zur Probe" einen „Stamm Holz" ohne jede weitere Bestimmung des Gebrauchszwecks, so gilt als sicher bezw. bestimmt nur: daß es eben „Holz" und zwar ein „Stamm" ist; das allein wird auch als gewiß von den Parteien erwartet und in Erwartung gestellt, wenn an eine Erprobung durch den Käufer gedacht wird. Alles andere bleibt offen und ungewiß für jeden erdenkbaren weiteren Verwendungs- bezw. Wirkungszweck. Kauft jemand „zur Probe" eine bestimmte Menge „Bretter", so wird als sicher offensichtlich nur angenommen, daß es eben „Bretter" mit ihrer typischen Beschaffenheit und Verwendungsmöglichkeit sind: gewisse langgestreckte, schmal und dünner gefertigte Holzkörper, für Abzäunungen, Herstellung von Verschlägen usw. verwendbar; alles weitere ist offen — hier schon ein Kunstprodukt mit einer gewissen vorausgesetzten Gebrauchsmöglichkeit; trotzdem kann ein Unterschied in der rechtlichen Behandlung dieses Falles gegenüber dem vorigen nicht gut gemacht werden. Ein „zur Probe" gekaufter „Holzeimer" muß ein aus Holz bestehendes handliches Gefäß zum Schöpfen einer größeren Wassermenge sein; jede weitere Eigenschaft bezw. Eignung ist offen und bleibt es für jeden weiteren „besonderen" Verwendungszweck. Kauft ein Möbeltischler „Bretter" „zur Probe", so ist daraus an Voraussetzungen noch nicht mehr zu nehmen, als vorher, denn ein „besonderer" Verwendungszweck ist vertraglich noch unbestimmt. Kauft derselbe „Möbeltischlerholz" zur Probe, so treten weitere eigenartige Voraussetzungen hinzu, und doch ist nur eine etwas spezialisiertere Gattung von Brettern gemeint, wie sie im Verkehrsleben sogar noch immer als rohere Kunstform vorkommt. Hier erwartet der Käufer und stellt in Erwartung der Verkäufer jedenfalls eine Art Holz mit den allgemeinsten Eigenschaften und Eignungen, die den allgemeinen Begriff „Möbeltischlerholz" entsprechen — denn sonst ist es eben kein Möbeltischlerholz, das er zur Probe gekauft hat, für ihn von vornherein unverwendbar —, diese Eigenschaften bezw. Eignungen also sollen der Erprobung jedenfalls noch nicht unterliegen, vielmehr erst die Grundlage bilden.

Jeder Gegenstand wird allgemein gekauft zu seinem typischen Gebrauchszweck: der „Eimer" nicht als Schmuckgegenstand einer Wohnung — wenngleich Schmuckgegenstände einer Wohnung auch Eimer sein können —; eine „Flasche Cognac" nicht zum desinfizierenden Besprengen von Dielen oder zum Besprengen staubiger Dielen, sondern zum menschlichen Genusse und zu Heilzwecken. „Saatkartoffeln" nicht zum Essen, sondern eben zum Aussäen; „Nutztiere" nicht zur Zucht.[1]) Ein „Luftventil" oder ein „Zylinder für Gasmotoren" nicht als Metall, aus dem sie bestehen, nicht als Beispiel für die Höhe der Fabrikation, der sie entstammen. Der typische Gebrauchszweck erfordert die entsprechenden Eigenschaften bezw. Eignungen, wenn der Gegenstand das sein soll, als was er gekauft wird. In jedem dieser Gegenstände aber ist je nur seine Gattung dargestellt mit den ihrem typischen Gebrauchs- bezw. Wirkungszweck entsprechenden Eigenschaften und Eignungen. Bei „Kauf zur Probe" ändert sich in dieser Richtung nichts etwa um deswillen, weil zur Probe gekauft wird: wird der „Eimer" oder das „Luftventil" zur Probe gekauft, so ist das eine jedenfalls, aber auch allein sicher: es soll nicht ausgeprobt werden, ob es ein „Eimer" bezw. ein „Luftventil" ist. Das gattungsgemäße also wird

[1]) Vgl. die letzteren Beispiele von Wolff a. a. O. im Zusammenhang dort.

vorausgesetzt, als gewiß erwartet und zur Erwartung gestellt.

Der Gegensatz wird klar, wenn „Mull" zu einer bestimmten vom Käufer in Aussicht genommenen Fabrikation von Heilmitteln, oder gewisse „Tuche" zur beabsichtigten Anfertigung von Kleiderstoffen, oder „Eschenholz" zu einer vom Käufer beabsichtigten Herstellung von bestimmten Federn landwirtschaftlicher Maschinen zur Probe gekauft werden: in diesen Fällen verkauft der Verkäufer, erwartet der Käufer „Mull" bezw. „Eschenholz" mit allen Eigenschaften und Eignungen dieser Gattung von Gebrauchsgegenständen zu dem ihr typischen Gebrauchszweck; auf sie jedenfalls und allein soll sich die Erprobung nicht erstrecken, „Mull" und „Eschenholz" muß es sein. Anders dagegen mit dem weiter beigefügten besonderen Gebrauchszweck: er liegt nicht mehr im Gattungsbegriff, falls der Verkehr nicht etwa, weiter entwickelt, bereits eine derartige allgemein erkannte und anerkannte spezialisiertere „Gattung" von Verkehrsgegenständen geschaffen hat; er ist gebildet unter den besonderen persönlichen Absichten und Zwecken des Käufers.

Daraus folgt aber weiter: Beim „Kauf zur Probe" kann mangels jeglicher vertraglichen Bestimmung der allgemeine Gebrauchszweck des Probegegenstandes nicht etwa als der „besondere" erscheinen, denn die Gattung will der Käufer im Probegegenstand jedenfalls kaufen und der Verkäufer auch verkaufen.

Grundsätzlich ist danach für den „Kauf zur Probe" mangels jeglicher vertraglichen Bestimmung festzustellen:

1. Der allgemeine Gebrauchszweck des Probegegenstandes ist stets und allein der gattungsgemäße, mag es sich bei dem Gattungsgegenstand um ein den menschlichen Lebensbedürfnissen dienendes einfacheres oder komplizierteres, um ein Natur- oder Kunstprodukt handeln.

Jeder Gebrauchs- und Wirkungszweck außerhalb des gattungsgemäßen ist ein „besonderer".

2. Nur dem gattungsgemäßen Gebrauchs- bezw. Wirkungszweck entsprechende Eigenschaften und Eignungen des Probegegenstandes sollen der Erprobung **nicht** unterliegen.[1] [2]

---

[1] Bei dieser Bestimmung des allgemeinen Gebrauchszwecks eines Kaufgegenstandes besteht eine weitere, im Zusammenhang der gegenwärtigen Untersuchung unmittelbar nicht interessierende Frage: ob die gefundene Bestimmung etwa allgemein auch bei dem gewöhnlichen Kauf für die Grundlagen der Gewährleistungsregelung der §§ 459 ff. BGB. von Bedeutung sind, in welchem Verhältnis im besonderen die verschiedenen Grundbegriffe unter dem Gesichtspunkte der Gewährleistung wegen Sachmängel stehen.

Es muß hier auch dahingestellt bleiben, ob die gefundene Bestimmung des allgemeinen Gebrauchszwecks etwa identisch ist oder sein kann mit der des „besonderen" „nach dem Vertrage vorausgesetzten Gebrauches" i. S. des § 459 Abs. 1 S. 1 BGB.

[2] Für die Methode der Untersuchung ist zu bemerken:

Die Untersuchung gelangt zur Kategorie des „besonderen" Verwendungs- bezw. Wirkungszwecks und bildet von ihr aus die Bestimmung des besonderen Zwecks aus allgemeiner Norm — vgl. oben V b 2 —; dabei muß sie mangels jeglicher vertraglichen Bestimmung die allgemeine Norm aus einem Rückschluß unter dem Gesichtspunkt des allgemeinen Verwendungs- bezw. Wirkungszwecks finden.

Fraglich könnte an sich sein: ob nicht die Untersuchung von der Bildung der Kategorie des besonderen Verwendungs- bezw. Wirkungszwecks hätte absehen und einen anderen Weg gehen können: da der Begriff gebildet wurde zur Bestimmung des sachlichen Umfanges der Erprobung — vgl. oben III b 1 —, so hätte vielleicht gesagt werden können: Fehlt die subjektive Begrenzung des Umfanges der Erprobung — vgl. III b 2 —, so fehlte eben auch die Bestimmung eines besonderen Verwendungszwecks, denn wäre er bestimmt, so hätte es eben nur vertraglich geschehen können, es hätte also der Fall der subjektiven Begrenzung durch besondere Parteibestimmung vorgelegen; daher hätte die sachliche Begrenzung des Umfanges der Erprobung gerade bei dem allgemeinen Verwendungs- bezw. Wirkungszweck eines zur Probe gekauften Gegenstandes einsetzen und alsbald den Gedanken verfolgen können, der zu V b 2 zum positiven Ergebnis verfolgt ist.

Gegenüber solchen Bedenken aber erschien der Weg, den die Untersuchung gegangen ist, gerade aus der Natur des Kaufes zur Probe an der Hand

D. Rechtliche Wertung.

Diese Erkenntnis und Sonderung der einzelnen Vertragsbestandteile des „Kaufes zur Probe" setzen nunmehr in die Lage einer rechtlichen Wertung seiner Natur und damit der Feststellung seiner praktischen Rechtsfolgen.

I. Allgemein.

a) Möglichkeiten der Behandlung von Ungewißheit über Eignungen bezw. Eigenschaften eines Gegenstandes bei Kaufabschluß.

Ungewißheit über Eigenschaften bezw. Eignungen eines zum Kauf stehenden Gegenstandes kann bei Abschluß des Kaufvertrages in verschiedener Weise behandelt werden: entweder durch vertragliche Beseitigung bezw. durch Sicherstellung des Käufers über Rechtsbehelfe bei ihrem Nichtvorhandensein, oder: durch grundsätzliches Offenlassen der Ungewißheit von Vertrags wegen — beides mit Wirkung für den betr. Kaufvertrag.

1. Für Behebung der Ungewißheit bezw. Sicherstellung des Käufers von Vertrags wegen dient bei Ungewißheit, sofern solche überhaupt vorliegt oder angenommen wird, einmal die Normierung in §§ 459 Abs. 1 S. 1, 480, 462 BGB. (in Verbindung mit § 460): maßgebend ist die (in gewissem Sinne) objektive Tauglichkeit zu dem ge-

seiner einzelnen im Texte behandelten Vertragsbestandteile als der einzig richtige: Hinzuweisen ist hier nur zur Darlegung der inneren Berechtigung auf die Ausführungen im Text zu V a: die Kategorie des „besonderen" Verwendungs- bezw. Wirkungszweckes erscheint aus der Natur des Rechtsgeschäftes geradezu gegeben, dieser Zweck ist der Brennpunkt der übrigen Bestandteile des Kaufes zur Probe und gibt ihm seinen inneren Halt in seinem eigentümlichsten Wesen. Die gefundene Kategorie ist eine einheitlich-positive umsomehr, als in allen Fällen, i. S. des Gesamtvertrages, maßgebend ist — nicht, was nicht erprobt werden soll, sondern gerade umgekehrt, nur: was erprobt werden soll —. Dazu kommt, daß vornehmlich gerade die Parteibestimmung im Rahmen des Gesamtgeschäftes als von ihm ausgehend und auf ihm fußend angesehen werden muß.

wöhnlichen oder zu dem nach dem Vertrage vorausgesetzten Gebrauche; ferner: die Zusicherung von bestimmten Eigenschaften des Kaufgegenstandes, §§ 459 Abs. 2, 462, 463 BGB. (in Verbindung mit § 460); ebenso die (gleichfalls nur in gewissem Sinne) objektive Regelung bei arglistiger Verschweigung von Mängeln, §§ 463 S. 2, 460 BGB.[1]); endlich: die Gewährung einer Garantie seitens des Verkäufers. In allen Fällen wird die an sich (etwa) bestehende oder angenommene Ungewißheit vertraglich nicht bloß nicht aufrecht erhalten, sondern im Gegenteil in dem Kaufvertrage beseitigt. Die betreffende Eigenschaft bezw. Eignung will und kann einerseits der Käufer auf Grund des geschlossenen Vertrages erwarten und erwartet sie, ihr Mangeln gewährt ihm gewisse Rechtsbehelfe, die ihn gegen dessen Nachteile sichern; der Verkäufer andererseits stellt sie in Erwartung oder wird doch vom Gesetz so behandelt, als hätte er sie in Erwartung gestellt, und muß sich bei ihrem Nichtvorhandensein gemäß den gesetzlichen Vorschriften die Geltendmachung der Rechtsbehelfe seitens des Käufers gefallen lassen, will auch regelmäßig diesen Rechtszustand.[2])

---

[1]) Und. betrüglicher Vorspiegelung tatsächlich nicht vorhandener Eigenschaften bezw. Eignungen, sofern man der ständigen Rechtsprechung des RG. auf Grund Analogieschlusses folgen will; vgl. RG. Bd. 66 S. 336. Die Ansicht des RG. wird von der Wissenschaft fast einstimmig nicht gebilligt, m. E. mit Recht. Vgl. Oertmann, Kom. (3./4. Aufl.) z. § 463 N. 5 b; Staudinger, Kom. II, 1 (7./8.) z. 463 N. 8 b, wie das RG.: Enneccerus, Lehrb. I, 2 (6./8.) § 331, II 3 c und N. 25.

[2]) „Erwarten" und „Zur-Erwartung-Stellen" hier nur in dem Sinne der Beseitigung der Ungewißheit mangels vertraglicher oder gesetzlicher Aufrechterhaltung derart, daß gewisse bei Nichtvorhandensein besonders vorgesehene Rechtsfolgen eintreten. Damit soll nicht in die andere und unter ganz anderem Gesichtspunkte zu beantwortende Frage eingegriffen werden: ob etwa der Verkäufer verpflichtet ist, gewisse Eigenschaften bezw. Eignungen am Kaufgegenstande auf Grund Leistungsverpflichtung zu gewähren. Diese Frage ist unter anderm Gesichtspunkte zu beantworten je nachdem, ob eine Gattungs- oder Spezies-Sache in Betracht steht; ob eine besondere Verpflichtung zur Verschaffung der betreffenden Eigenschaften bezw. Eignungen begründet ist oder nicht; vgl. Oertmann, a. a. O. Vorb.

Der Tatbestand ist im besonderen beim ersten Falle — abgesehen von etwa begründeter Verpflichtung zur „mangelfreien" Lieferung, also „mit" den betreffenden Eigenschaften bezw. Eignungen — schon durch den gewöhnlichen Kauf eines bestimmten, event. gattungsmäßig bestimmten Gegenstandes gegeben, wenn einerseits weder die Gewährleistung des Verkäufers ausgeschlossen noch Kenntnis bezw. grob fahrlässige Unkenntnis der Mängel beim Käufer vorhanden ist, andererseits die Mängel vom Verkäufer nicht arglistig verschwiegen sind. Diesem normalen Zustande sollen nach § 459 Abs. 1 S. 1 gewisse normale Erwartungen entsprechen, die jene normalen Rechtsbehelfe gewähren; normal aber ist der Tatbestand, weil die etwa bestandene oder angenommene Ungewißheit nicht zur vertraglichen erhoben ist.[1] Im Sinne des Vertrages ist also die Ungewißheit über das Bestehen oder Nichtbestehen der Eigenschaften bezw. Eignungen aus dem inneren Grunde dessen, was vorausgesetzt wird und werden kann, von Rechts wegen gelöst zur vertraglichen Gewißheit des Bestehens. So beim gewöhnlichen Kaufe, wenn überhaupt Ungewißheit angenommen wurde.

Eine besondere Art der Sicherstellung kann aber auch in der Weise erfolgen, daß die Ungewißheit durch eine Erprobung oder ihr gleichgestellten Möglichkeit der Erprobung zur Lösung geführt wird und ihr Ergebnis für den betreffenden Kaufvertrag maßgebend sein soll. Hierbei kann vorliegen einmal ein Vertragsantrag, der vom Käufer erst nach der Erprobung angenommen zu werden braucht — so bei der „Sendung zur Auswahl" —; sodann vor allem ein zwar geschlossener Kaufvertrag, aber ein solcher, in dem besondere Rechtsbehelfe aus ihm und für ihn in verschiedensten Richtungen vorgesehen sind:

---

z. §§ 459 ff. N. 2 c; Schollmeyer, JfD. Bd. 49 S. 93 ff.; Levy, Diss. Leipzig 1906, Nachbesserungsanspruch des Käufers S. 6 ff.; Wolff, JfD. Bd. 56 S. 1 ff.

[1]) Im Gegensatz zu oben C II 2.

der Kauf soll bestehen oder nicht bestehen, so oder anders bestehen, je nach Belieben des Käufers oder auch nach objektivem Ergebnis der Erprobung, mit Eintritt einer Bedingung oder unbedingt mit entsprechendem Auflösungsrechte des Käufers — also beim „Kauf auf Probe", je nach der besonderen Abrede im geschlossenen Gesamtvertrage, mangels solcher und im Zweifel nach näherer Bestimmung der §§ 495, 496 BGB. In allen diesen Fällen des „Kaufes auf Probe" ist die Ungewißheit eine vertragliche, ihr Offenlassen aber im Sinne des Vertrages nur eine vorübergehende, bestimmt zur Lösung mit Wirkung noch für denselben betreffenden Kaufvertrag: für ihn soll bei ungünstigem Ergebnis bezw. Mißfallen der Käufer seine Rechtsbehelfe haben. Denn der Käufer soll um dieses Gegenstandes willen die Möglichkeit zur Prüfung haben, um zu wissen, ob gerade dieser Gegenstand ihm genehm ist, ehe er ihn endgültig erwirbt. Alle jene späteren Rechtsbehelfe des Käufers nach Behebung der Ungewißheit aber sind von Haus aus im selben Vertrage vorgesehen.[1])

---

[1]) Allen den verschiedenen Arten von Bestimmungen bei einem Kaufgeschäfte, die im Texte unter dem Begriff „Kauf auf Probe" gefaßt sind, ist eigentümlich die Ermöglichung einer Erprobung durch den Käufer und deren Nutzbarmachung für den betreffenden geschlossenen Kaufvertrag zugunsten des Käufers, und zwar, weil ein dem Käufer genehmer Gegenstand verkauft und gekauft sein soll, die Erprobung also gerade um dieses einen Kaufgegenstandes willen vorgesehen wird. Die Erkenntnis der Gemeinsamkeit des eigentümlichen Rechtscharakters bei den verschiedenen Geschäften rechtfertigt die Annahme einer gemeinschaftlichen Gattung. Ich halte daher alle jene Arten nur für Unterfälle der Gattung: „Kauf auf Probe". § 495 BGB. selbst gibt dem Raum; seine Vorschriften sind nur dispositive, sowohl hinsichtlich des für seinen Bestand entscheidenden Momentes — „Belieben" des Käufers — wie auch hinsichtlich der rechtlichen Art des Hinfälligwerdens des Vertrages — „in Zweifel unter der aufschiebenden Bedingung der Billigung geschlossen" —. So auch Oertmann, a. a. O. zu § 495 N. 1 b; Dernburg, a. a. O. II, 2 § 193 III; Staudinger (7./8.) II, 1 zu § 495 N. 3 b; a. A. anscheinend: Enneccerus, a. a. O. I, 2 (6./8.) § 338 II, 1; KvRGR. (2.) z. § 495 N. 2. Vermittelnd Staub, Kom. (9.) Exk. z. § 382 N. 14/16).

Das Offenlassen der Ungewißheit bei Abschluß ist also im Sinne des Vertrages kein dauerndes und damit kein grundsätzliches, mit dem der Käufer sich abzufinden hätte.[1])

2. Im Gegensatz zu diesen Möglichkeiten der Behebung von Ungewißheit bezw. Sicherstellung von Vertrags wegen bleibt *das grundsätzliche Offenlassen der Ungewißheit* im Sinne des Vertrages, also von Rechts wegen. Dieses kann erfolgen einmal durch Ausschluß der Gewährleistung, soweit das Gesetz ihn zuläßt;[2])

Es fallen daher m. E. auch die bisher unter der Bezeichnung „Kauf mit Vorbehalt der Rückgabe" und „Kauf mit Umtauschklausel" verstandenen Geschäfte unter den Rechtsbegriff „Kauf auf Probe". Vgl. Oertmann, a. a. O. N. 1 c u. d; das letztere Geschäft erachtete (nach Angabe von Oertmann) noch die Preußische Praxis als wirklichen „Kauf auf Probe"; der gleichen Ansicht noch für das geltende Recht Dernburg a. a. O. II, 2 § 193 II; anscheinend grundsätzlich auch Enneccerus, a. a. O. I, 2 (6./8.) § 338 N. 10 und KvRGR. zu § 495 N. 4; a. A. Oertmann selbst; Cosack, Lehrb. 1 § 132 I, 1; Staub, a. a. O. Exk. z. § 382 N. 15; Staudinger z. § 495 N. 3 c.

[1]) Grundsätzlich verschieden von der Behandlung der Ungewißheit beim „Kauf auf Probe" ist die *Regelung von Rechtsfolgen nach* Behebung oder doch Behebbarkeit der Ungewißheit in endgültiger Hinnahme des Kaufgegenstandes seitens des Käufers bei Aufrechterhaltung des geschlossenen Kaufvertrages. Gleichgültig, zu welchem Ergebnis man etwa bei solchem Aufrechterhalten des Vertrages für die Sachmängel-Gewährleistung kommt, wäre doch nach den obigen Ausführungen jedenfalls die Ungewißheit auf die eine oder andere Weise gerade *vertraglich beseitigt* oder zum mindesten vertraglich so behandelt — denn dazu war eben die Erprobungs-Gelegenheit vorgesehen. Auf *diesen* Gegensatz allein aber kommt es im gegenwärtigen Zusammenhang des Textes an. Auf die besonderen Rechtsfolgen bei Aufrechterhalten des Vertrages im Rechtsgebiet des „Kaufes auf Probe" ist unten bei N. [2]) auf S. 56 noch einzugehen.

[2]) Voraussetzung des Tatbestandes ist also in beiden Fällen, daß die *Ungewißheit* bei Abschluß auch weiter als solche angenommen wird, also eine vertragliche ist. Ist der Gegenstand vorher untersucht und für brauchbar bezw. geeignet gefunden, so liegt Ungewißheit überhaupt nicht mehr vor oder wird doch nicht angenommen. Dann liegt trotz dem erfolgenden Ausschlusse der Gewährleistung der Tatbestand der *erfolgten Sicherstellung* des Käufers vor.

dann aber von Vertrags wegen für künftige Erprobung, deren Ergebnis bei Vertragsschluß dahingestellt bleiben und Wirkungen für den Bestand desselben Vertrages nicht haben soll.

b) Im besonderen: Bedeutung grundsätzlichen Offenlassens solcher Ungewißheit von Vertrags wegen: Wagnis!

Die beiden Arten grundsätzlichen Offenlassens der Ungewißheit über gewisse besondere Eigenschaften bezw. Eignungen des Gegenstandes bei Kaufabschluß haben in ihrem Grunde denselben Rechtscharakter: der Billigung und des Verzichts, und damit des Wagnisses.

Sowenig, wie wenn beim Kaufabschluß der Käufer gewisse Eigenschaften bezw. Eignungen am zu kaufenden Gegenstande erwartet, der Verkäufer sie in Erwartung stellt derart, daß entweder ausdrücklich — durch Zusicherungen u. dergl. — oder ohne weiteres nach der gesetzlichen Norm der Käufer bei ihrem Fehlen in bestimmter Weise mit Wirkung für denselben Kaufvertrag sichergestellt wird, so wenig liegt nach dem Gefundenen der hier in Rede stehende Tatbestand vor, wenn zunächst die — vorliegende oder angenommene — Ungewißheit als vorübergehende offen bleiben und durch Erprobung mit Wirkung für das Bestehen desselben Kaufvertrages — in irgend einer Form — behoben werden soll. Hier, bei dem gegenwärtig zu prüfenden Tatbestande, stellt grundsätzlich der Verkäufer nicht in Erwartung, erwartet nicht der Käufer jene Eigenschaften bezw. Eignungen. Was, wenngleich ungewiß, der Gewährleistung durch den Ausschluß nicht unterliegen soll, im besonderen: was, weil ungewiß, erst künftig nach Vertragsschluß festgestellt werden mag, kann vernünftigerweise für die Regel nicht vorausgesetzt werden. Der Verkäufer wird nicht einstehen wollen für Vorhandensein der besonderen gesuchten Eigenschaften, Eignungen, Wirkungen, über deren Vorhandensein er nicht im gewissen ist, an das er selbst nicht glaubt; der Käufer wird die besonderen Eigenschaften bezw. Eignungen nicht erwarten, sondern höchstens erhoffen können, wenn er bei Abschluß die Ungewißheit über sie hinnehmen will und damit an ihr Vorhandensein auch seinerseits nicht glauben kann. In diesem beiderseitigen Bewußtsein von der vorhandenen und von Vertrags wegen offen gelassenen Ungewißheit wird der Kaufvertrag geschlossen. Offen ist und bleibt sie im Vertragsschluß, ohne die Behebung im Gegensatz zum gewöhnlichen Kauf und im Gegensatz zum „Kauf auf Probe" von Vertrags wegen vorgesehen zu haben, im Bewußtsein der Vertragsparteien als dauernde von Vertrags wegen. Das ist das grundsätzliche Offenlassen von Vertrags wegen.

Damit ist die Rechtsgrundlage sowohl im Falle des Ausschlusses der Gewährleistung wie in dem des Offenlassens für künftige Erprobung gegeben. Beide Fälle führen so auf den gleichen Rechtsgrund zurück: den der Billigung des Erfolges.

Der Rechtsgrund der Billigung des Erfolges ist das Vertragselement, welches das Wesen der Vertragsfreiheit ausmacht: Vertrag schließen bezw. Hinnehmen in Kenntnis der Sachlage, mit ihren Vorteilen einerseits, aber auch mit ihren Nachteilen andererseits. Aber nicht bloß derjenige billigt, der kennt und abschließt bezw. hinnimmt, sondern auch derjenige, der den gegebenen und im treugläubigen Verkehr wahrzunehmenden Anlaß zu wichtigen rechtserheblichen Feststellungen zeitigenden Erfahren bewußt nicht nimmt und trotzdem abschließt bezw. hinnimmt: nicht oder nicht zureichende Wahrnehmung gebotenen Anlasses zu rechtserheblich wichtigem Erfahren stellt die Erfahrens-Möglichkeit dem Wissen gleich. Indem er die Feststellung über das Ungewisse unterläßt, nimmt er die Ungewißheit hin und billigt sie selbst mit ihrem ganzen Erfolge nach der Seite der Erwartung und der Enttäuschung, nimmt es auf sich, wenn er Feststellbares nicht rechtzeitig entdeckte; ein vorweg genommenes Billigen dessen, was die Feststellung erbringen konnte und später erbringen könnte.[1])

Ein typischer Anlaß, der von einem Vertragsteil das Erfahrenwollen verlangt, um den nachteiligen Folgen einer Ungewißheit zu entgehen, ist grundsätzliches Offenlassen dieser Ungewißheit von Vertrags wegen beim Abschluß eines Rechtsgeschäftes, im besonderen des „Kaufes zur Probe": denn hier ist sie bewußte Grundvoraussetzung.[2])

---

[1]) Derselbe Rechtsgrund äußert seine Wirkung allenthalben im Rechtssystem; im Gebiete des Kaufrechtes im besonderen in den §§ 460, 464 BGB., § 377 HGB. Im § 460 S. 2 BGB. sogar für den Fall des gewöhnlichen Kaufes, indem die Ungewißheit durch Erwarten und Zur-Erwartung-Stellen der in Betracht kommenden Eigenschaften bezw. Eignungen und durch Sicherstellung von Vertrags wegen behoben war!

[2]) Der andere typische Anlaß ist der „Kauf auf Probe". Gerade aus demselben Grunde ist es bei ihm „Billigung" etwa noch bestehender Ungewißheit selbst mit jedem Erfolge, wenn der Käufer die Gelegenheit zur Erprobung nicht wahrgenommen, trotzdem aber den Kauf endgültig hat fest werden lassen: daher hat er wegen vorher durch Erprobung feststellbar gewesener, aber nicht festgestellter „Mängel" jeder Art jegliches Rügerecht grundsätzlich verloren.

Der in der Billigung des „gekauften" Probegegenstandes bezw. damit im Aufrechterhalten des Vertrages „Kauf auf Probe" überhaupt liegende Rechtsgrund ist bisher überwiegend in seiner Bedeutung verkannt worden. Eine ganz andere, mit der grundsätzlichen nicht zusammenhängende Frage ist: ob im einzelnen Falle weitergehend die Parteien jede Gewährleistung auch hinsichtlich der nicht zur Erprobung gestandenen, nicht feststellbaren Mängel ausgeschlossen haben. Unrichtig ist es aus den dargelegten Gründen, wenn das RG. i. JW. 1912 S. 858 sagt: ob beim Kauf auf Probe nach der Billigung noch Mängel gerügt werden können, hinge nicht von der „Billigung", sondern von den Umständen des Falles ab, hauptsächlich von ausdrücklicher oder stillschweigender Vereinbarung der Parteien; die Billigung als solche habe nicht schon die Wirkung, daß der Käufer auf das Recht verzichte, Mängel zu rügen und Gewährleistung zu verlangen. Diese Auffassung würde auch notwendig zu dem grundsätzlichen Ergebnis führen: der Käufer könnte bei Kauf auf Probe nach Erkennen eines Mangels die Annahme der Ware entsprechend dem § 464 BGB. unter Vorbehalt seiner Rechte erklären und sodann Mängelrechte geltend machen. Das aber wäre bei der Rechtseinrichtung des „Kaufes auf Probe" ein Widerspruch in sich. Wie das RG.: Matthias, Lehrb. (6./7.) § 110 V. D. Solcher Möglichkeit für den Käufer treten auch

Das grundsätzliche Offenlassen jener Ungewißheit bei Kaufabschluß also ist Billigung und Hinnahme der Ungewißheit selbst mit ihrem ganzen Erfolge in künftiger Feststellung des Vorhandenseins oder Nichtvorhandenseins der bestimmten Eigenschaften bezw. Eig-

---

entschieden entgegen Düringer-Hachenburg Bd. 3 (2. Aufl.), Handelskauf, Bd. II, 2 (S. 237); nur stellen sie — ebenfalls nicht zutreffend — lediglich auf grob fahrlässiges Nichterkennen vor der Billigung ab. Ebenso Cosack, BR. Bd. I (6.) § 132 I, 5; Staudinger, Kom. II, 1 (7./8.) z. § 495 N. 5; KvRGR. z. § 495 N. 6; (anscheinend) auch Dernburg, BR. II, 2 (3.) § 193 IX: wegen „erkennbarer" Mängel, die er kannte oder kennen mußte; er läßt wieder die Anwendbarkeit des § 464 BGB. zu — aber nicht auf einfache „Erkennbarkeit", sondern auf „Feststellbarkeit" (nämlich durch Erprobung) kommt es an!

Wie im Texte wesentlich nur Staub, Kom. z. HGB. Bd. II (9.) Exk. z. § 382 N. 21 und Crome, System Bd. II (1902) § 225.

Wie das RG. im Grunde auch Oertmann, Kom. (3./4.) z. § 495 N. 5, er stellt jedenfalls das eine unzweifelhaft Richtige fest: daß der Verkäufer wegen eines vom Käufer vor der Billigung erkannten Mangels nicht hafte (also auch solchen, wegen dessen etwa ursprünglich ein arglistiges Verschweigen oder Zusicherung der Abwesenheit vorgelegen hätte).

Die abweichenden Ansichten wenden den § 460 BGB. auf den „Kauf auf Probe" nach Billigung unmittelbar an, während der „Kauf auf Probe" gerade in dem Bestandteil der vertragsmäßig vorübergehend offengelassenen Ungewißheit sein eigenes Gesetz in sich trägt, und zwar auf Grund des im Text dargelegten allgemeinen Rechtsgrundsatzes. § 460 ist Sonderbestimmung, indem er den Gedanken dieses allgemeinen Rechtsgrundsatzes selbst auf einen Fall anwendet, wo von Vertrags wegen von vornherein die Ungewißheit objektiv beseitigt und Sicherstellung gewährt ist. Umgekehrt ist also zu schließen: wenn schon beim gewöhnlichen Kauf der allgemeine Grundsatz des § 460 BGB. angewendet wird, so muß er doch vor allem dann gelten, wenn von Vertrags wegen die Ungewißheit überhaupt zur Erprobung verstellt ist und die Gelegenheit zur Erprobung gerade für den betreffenden Gegenstand und Kaufvertrag wirken soll; vgl. oben N. 1. Nur so ist beim „Kauf auf Probe" der Rechtszustand nach der Billigung des Probegegenstandes aufzufassen.

So grundverschieden also ihrem Wesen nach „Kauf zur Probe" und „Kauf auf Probe" sind, so ähnlich erscheint in der hier besprochenen Richtung die Rechtslage, wenn beim „Kauf auf Probe" durch Billigung definitiv der Kaufvertrag feststeht.

nungen: mit der Hoffnung auf Bewährung die Gefahr der Enttäuschung.

Damit bedeutet das grundsätzliche Offenlassen der Ungewißheit von Vertrags wegen den Verzicht auf alles, was für die eine oder andere Seite an das Vorhandensein oder Nichtvorhandensein der bestimmten Eigenschaften bezw. Eignungen mit Rechtsfolgen gegenüber dem Vertragsgegner verknüpft gewesen wäre. Für den Käufer kann das Fehlen kein Mangel, für den Verkäufer kann das Vorhandensein nicht mehr als das Nichtvorhandensein bedeuten; für beide kann ein Irrtum über das Vorhandensein oder Nichtvorhandensein maßgebend nicht in Betracht kommen; denn beide rechneten mit jeder Möglichkeit, gaben und nahmen alles „in Kauf", stellten die Möglichkeiten für die Bewertung gleich.

Diese Gedankenreihen sind das Kennzeichen eines — wirtschaftlichen und vor allem rechtlichen — Wagnisses in einem Rechtsgeschäfte: über Ungewisses gegen bestimmten Gegenwert das Geschäft in Hoffnung auf Bewährung und auf Gefahr der Enttäuschung wagen.[1] [2])

Nur in einem äußeren Punkte unterscheiden sich die beiden erörterten Fälle des grundsätzlichen Offenlassens

---

[1]) Für diese Auffassung des Wagnisses vgl. Foerster-Eccius, Preuß. PrivRecht (6.) Bd. 2 § 128 F.

[2]) Im Wesen gleichartig ist der „Hoffnungskauf". Vgl. oben N. 3 auf S. 30/31.

Der Rechtsgrund der Billigung des Erfolges in dieser Gestaltung liegt im Wesen der gewagten Geschäfte überhaupt, dem Versicherungsvertrage und der Garantie im besonderen. Der Rechtsgrund hat nur je nach Stellung der Ungewißheit im Rahmen des Rechtsgeschäftes und der wirtschaftlichen Bedeutung für denjenigen, der billigt, eine verschiedene Aufgabe: je nachdem, ob gerade die Annahme der Gefahr vertraglicher Selbstzweck des Vertrages — wie beim Versicherungsvertrage und selbständigen Garantievertrage — oder Übernahme der Gefahr nur Nebenbestandteil eines auf anderen vertraglichen Selbstzweck gerichteten Vertrages ist.

Eine äußere Verschiedenheit wird erzeugt durch stärkeres Hervortreten des Wagnisses bald mehr in rechtlicher, bald mehr in wirtschaftlicher Hinsicht. Beides läuft indessen stets nebeneinander.

der Ungewißheit von einander. Beim Ausschluß der Gewährleistung kommt mehr der Verzicht, und zwar in Beziehung auf die Rechte des Käufers zum sinnfälligen Ausdruck: als ausdrückliche Erklärung des Nicht-Einstehen-wollens und -Sollens, eben unter dem Gesichtspunkt der Mängelhaftung des Verkäufers; beim Offenlassen der Ungewißheit für künftige Erprobung mehr die Billigung der Ungewißheit selbst, gleich, welches der tatsächliche Zustand sein möge.

Das grundsätzliche Offenlassen der Ungewißheit für künftiges Erproben ist nun in zwei Fällen denkbar: beim gewöhnlichen Kauf kraft besonderer Abrede der Parteien, die Ungewißheit über das Vorhandensein besonderer Eigenschaften oder Eignungen offen zu lassen und einer künftigen Erprobung zu überlassen, ohne doch deren Ergebnis für den Bestand des betroffenen Kaufvertrages selbst zu verwerten, — oder: beim „Kauf zur Probe".[1])

Für den „Kauf zur Probe" ist damit die Rechtseinordnung gegeben.

II. Rechtsnatur des „Kaufes zur Probe": soweit Erprobung vorgesehen ist, ein gewagtes Geschäft.

Straff zusammengeschlossen in dem einen Rechtsgeschäfte wirken beim Abschluß des „Kaufes zur Probe" folgende Elemente:

1. Bewußte Ungewißheit über bestimmte Eigenschaften bezw. Eignungen des Probegegenstandes von Vertrags wegen;

[1]) Ob die Parteien dabei ausdrücklich die künftige Erprobung für die grundsätzlich offengelassene Ungewißheit vorsehen oder nur ausdrücklich die Ungewißheit über bestimmte Eigenschaften bezw. Eignungen feststellen, dürfte beim Einzelfall rechtlich gleichliegen, denn auch im letzteren Falle wird meist an künftige Ausprobung gedacht sein. Es kann aber je nach den Umständen die letztere Möglichkeit sich als vereinbarter Ausschluß der Gewährleistung für diese Eigenschaften bezw. Eignungen darstellen.

2. zur-Erprobung-stellen derjenigen von ihnen, auf die es — unter besonderem Gesichtspunkte — nach dem Vertrage ankommt; und zwar zur künftigen, im freien Belieben des Käufers stehenden Erprobung;
3. trotzdem: Abschluß des festen und unbedingten Kaufvertrages über denselben Probegegenstand, und zwar überdies
4. mit Erprobung (wegen jener besonderen Eigenschaften bezw. Eignungen) als vertraglichem Selbstzweck, mit Gewährung der vollständigen Sach-Erprobungs-Gelegenheit als rechtsgeschäftlichem Zweck!

Demgegenüber kann ein Zweifel nicht mehr bestehen zur Beantwortung der Frage: vertragliche Beseitigung der Ungewißheit und Sicherstellung des Käufers — oder: grundsätzliches Offenlassen der Ungewißheit von Vertrags wegen.

a) Grundsätzliches Offenhalten der Ungewißheit: aus dem eigentlichen Kaufgegenstande.

Die Bedeutung der Erprobung für die rechtliche Zweckbestimmung des Rechtsgeschäftes selbst im Rahmen von dessen Aufbau — der vierte Grundbestandteil — gibt für sich schon rechtsnotwendig die Einordnung: der eigentliche Kaufgegenstand ist nicht der reale Gegenstand für sich, sondern als Träger der vollständigen Sach-Erprobungs-Gelegenheit und zwar wegen der bestimmten besonderen, noch ungewissen Eigenschaften, Eignungen, Wirkungen, damit die vollständige Sach-Erprobungs-Gelegenheit selbst! — Vgl. oben C IV c. — Die Sach-Erprobungs-Gelegenheit auf Verwendungs- bezw. Wirkungsmöglichkeit bezw. Geeignetheit in diesem Sinne aber ist das grundsätzliche Offenlassen der Ungewißheit von Vertrags wegen in seiner Urform. Grundsätzlich kann, will und soll deren Käufer

Behebung der Ungewißheit bezw. Sicherstellung durch und für den betr. Vertrag weder erwarten noch erhalten.

b) Grundsätzliches Offenhalten der Ungewißheit: aus dem organischen Zusammenwirken der übrigen Elemente.

Der organische Zusammenhang der übrigen Elemente führt zum gleichen Ergebnis. Heterogene Elemente finden sich in einem einzigen in sich geschlossenen Rechtsvorgange: die ersteren beiden gegenüber den letzteren beiden.

Die Ungewißheit verlangt bei Vertragsschluß Behandlung entweder im Sinne der Erledigung durch Behebung bezw. Sicherstellung oder im Sinne des grundsätzlichen Offenhaltens und Hinnehmens von Vertrags wegen, sofern das Rechtsgeschäft in abstracto zustande kommen soll. Die Bestimmung ihres Schicksals ist Grunderfordernis nach allgemeinsten Rechtsbegriffen.

Vorwärts bringt die Inaussichtnahme der Erprobung: Was zur Erprobung gestellt ist, wird nicht als gewiß behandelt; es widerspräche sonst dem inneren Wesen beider Elemente. Jedenfalls also nicht sofortige Erledigung im Vertragsschluß selbst, sondern jedenfalls zunächst ein Fortdauern der Ungewißheit bis zum Ergebnis der in Zukunft vorliegenden Erprobung. In deren Bewußtsein also handeln die Parteien bei Vertragsschluß; sie rechnen mit ihr.

Ungewißheit als vorübergehend bis zur Lösung mit Wirkung für denselben Kaufvertrag oder aber grundsätzliches Offenlassen? Nur eines von beiden ist möglich. Indessen, ob das eine oder andere: bei Vertragsschluß selbst erwartet jedenfalls nicht der Käufer, stellt nicht in Erwartung der Verkäufer, was als zur Erprobung gestellt noch ungewiß ist; keiner von beiden kann — von Haus aus — einen anderen Willen haben oder vermuten lassen.

Schließlich: nicht „Sendung zur Probe" als Vertragsantrag, nicht „Kauf auf Probe", sondern fester und unbedingter Kaufvertrag. Kein vertragliches Vorbehalten der Rechtsbehelfe mit Wirkung gerade für denselben Kaufvertrag je nach Ausfall der künftigen Erprobung. Mit der Ungewißheit, zur künftigen Erprobung verstellt, entsteht und besteht der Kaufvertrag in sich geschlossen, unabhängig von weiteren Rechtsmaßnahmen.

Diese drei Bestandteile finden sich organisch zusammengeschlossen zum einheitlichen Rechtsgeschäfte. Solch Zusammenschluß aber kann nur sein das grundsätzliche Offenlassen der Ungewißheit von Vertrags wegen. Sowohl beim „Kauf zur Probe" wie auch bei dem gewöhnlichen Kaufvertrage mit der besonderen Abrede: die Ungewißheit über das Vorhandensein jener Eigenschaften bezw. Eignungen offen zu lassen und einer künftigen Erprobung zu überlassen. Daß beim „Kauf zur Probe" diese Einordnung schon aus dem Grunde zu a erfolgt, beruht in der Anlage des Rechtsgeschäftes als selbständigen Vertrages unter dem Leitsatz: Erprobung bezw. deren Ermöglichung ist vertraglicher Selbstzweck.

Endlich: beim „Kauf zur Probe" rechtsgrundsätzlich auch keine Verpflichtung des Käufers zur Erprobung — vgl. oben C IV d —. Auch ein letzter an sich denkbarer Zweifel entfällt damit. Bestände nämlich eine Verpflichtung des Käufers zur Erprobung, ohne doch je nach deren Ergebnis von Vertrags wegen eine Wirkung für den Bestand des betr. Kaufvertrages vorzusehen,[1]) so könnte an sich gefragt werden: ob solche Sachlage noch grundsätzliches Offenlassen der Ungewißheit von Vertrags wegen zuließe oder nicht vielmehr eine Veränderung der Rechtswirkungen bewirkte. Auch solch Zweifel an sich dürfte nicht berechtigt sein: aus dem Grunde der Vertragsfreiheit und aus der Nicht-Änderung im Rechtsgrunde.

---

[1]) In den praktisch vorkommenden Fällen, besonders bei Bestimmung einer gewissen Erprobungsfrist, dürfte sich in der Regel gerade solch vertraglicher Vorbehalt ergeben, der das Geschäft dann als „Kauf auf Probe" — vgl. oben D I — darstellte.

c) Ein beiderseitig gewagtes Geschäft.

Danach ist der „Kauf zur Probe“ ein gewagtes Geschäft: das Wagnis besteht in der Billigung und Hinnahme der Ungewißheit selbst mit ihrem ganzen Erfolge, mit der Hoffnung auf Bewährung und der Gefahr der Enttäuschung.

Ein beiderseitig gewagtes Geschäft. Denn ein Wagnis besteht für beide Teile. Die in der Erprobungsgelegenheit bestehende Ungewißheit wird vom Verkäufer sowohl wie vom Käufer mit allen rechtlichen und wirtschaftlichen Aussichten gebilligt und hingenommen. Nur tritt das Wagnis beim Käufer mehr in rechtlicher, beim Verkäufer mehr in wirtschaftlicher Beziehung hervor. Für den Käufer in wirtschaftlicher Beziehung: das Aufwenden des Preises für den Erwerb der Erprobungsgelegenheit, mit der Aussicht Erfahrungen zu sammeln, mit der Gefahr den Gegenstand für den besonderen Zweck als unverwendbar bezw. unwirksam festzustellen, in rechtlicher Beziehung: die Billigung und Hinnahme der mit dem Offenlassen der Ungewißheit von Vertrags wegen geschaffenen schwerwiegenden Rechtslage. Für den Verkäufer andererseits in rechtlicher Beziehung: die auch für ihn eintretende, wenngleich nicht so schwerwiegende Wirkung des gleichen Momentes neben einem, der Eigenart des rechtsgeschäftlichen Zweckes entsprechend erweiterten Vertragserfüllungsumfang, in wirtschaftlicher Beziehung indessen verstärkt: unlohnender Verkauf des Einzelgegenstandes in der Erprobungsgelegenheit für den Käufer mit den Aussichten: aus günstigem Ergebnis der Erprobung werde der Käufer weitere Geschäftsbeziehungen mit ihm knüpfen, mit der Gefahr: Erprobung werde überhaupt unterbleiben, könnte Ungünstiges ergeben, und günstiges Ergebnis brauchte der Käufer nicht für weitere Geschäftsbeziehungen mit ihm zu verwerten.[1])

[1]) Für die Wirkungen in rechtlicher Beziehung vgl. die Folgerungen unten bei D III.

Während das rechtliche, mehr auf das objektive Moment der Ungewißheit gestellte Wagnis (in der Opferung der Rechtsbehelfe bei Enttäuschung) schwerer wiegend für den Käufer, ist das wirtschaftliche, mehr auf die subjektiven Urteile und Entschlüsse des Käufers gestellte Wagnis, schwerer wiegend für den Verkäufer.

d) Wagnis nur soweit Erprobung vorgesehen.

Aber nicht ausschließlich ist das die Rechtsnatur des Rechtsgeschäftes „Kauf zur Probe". Nur soweit die Erprobung vorgesehen ist, kommt ein (rechtliches) Wagnis für das Vorhandensein oder Nichtvorhandensein der Eigenschaften, Eignungen, Wirkungen des Probegegenstandes in Betracht. Nicht also hinsichtlich aller etwa — wirklich oder angenommenermaßen — ungewissen Eigenschaften usw.; hinsichtlich der als gewiß behandelten überhaupt nicht. Denn nur das grundsätzliche Offenlassen der Ungewißheit von Vertrags wegen begründet die Eigenart der Rechtsnatur. Für die zwar ungewissen, aber nicht zur Erprobung gestellten Eigenschaften usw. jedoch wird sie von Vertrags wegen nicht offen gelassen. Soweit die Erprobung nicht vorgesehen ist, wird also die Rechtsnatur des Rechtsgeschäftes nicht geändert; insoweit bleibt es ein gewöhnlicher Kaufvertrag.

Die Rechtsnatur des „Kaufes zur Probe" ist danach ein gewagtes und außerhalb des Bereiches der Erprobung gewöhnliches Kaufgeschäft. Entsprechend dem eigentlichen Kaufgegenstande aber ist das Gesamtgeschäft in der Hauptsache als gewagtes mit dem Einschlage eines gewöhnlichen Kaufgeschäftes zu bezeichnen.

Der Bereich der Erprobung ist oben zu C III b in Verbindung mit C V festgestellt.

III. Rechtsfolgen.

Auf Grund der bisherigen Ausführungen bleibt nur, die nunmehr natürlichen Rechtsfolgerungen zu ziehen.

Der Raum ist dort und nur dort gegeben, wo die Eigenart des Rechtsgeschäftes „Kauf zur Probe“ liegt: also im Rahmen des rechtlichen Wagnisses, und zwar im Gebiete der Vertragserfüllung, der Rechtsbehelfe wegen Fehlens der besonderen in Betracht kommenden Eigenschaften, Eignungen, Wirkungen des Probegegenstandes und der Wirksamkeit des Vertragsbestehens. So ordnet sich das Rechtsgeschäft „Kauf zur Probe“ in das Rechtssystem ein.

Neben den gerade aus der Eigenart sich ergebenden Rechtsfolgen bleibt der Raum und besteht kein Hindernis für alle diejenigen Normen des Rechtssystems im allgemeinen, der Regelung der positiven Gesetze im besonderen, die auf dieselbe Wurzel von Rechtsgeschäften zurückgehen oder deren allgemeiner Gedanke bezw. deren allgemeine rechtspolitische Erwägung zur unmittelbaren oder entsprechenden Anwendung Veranlassung geben. Das gilt vornehmlich für alles das, was gerade den eigenartigen Kaufvertrag unter der Voraussetzung seines rechtswirksamen Bestehens an sich betrifft.

Das BGB. sieht im 7. Abschnitt 1. Titel des Rechtes der Schuldverhältnisse in den §§ 433 ff. als Gegenstand des Kaufes ausdrücklich nur „Sachen“ (§ 433 I, 1) und „Rechte“ (§ 433 I, 2, § 437) vor, spricht lediglich im § 434 allgemein vom „verkauften Gegenstand“. Kaufgegenstand ist beim „Kauf zur Probe“ indessen nicht der reale Probegegenstand, sondern eine „Erprobungsgelegenheit“, und zwar die vollständige Sach-Erprobungs-Gelegenheit. Sie ist weder Sache noch Recht. Die unmittelbare Anwendung der Gesetzesbestimmungen ist damit ausgeschlossen.

Kaufgegenstände brauchen aber nicht bloß Sachen oder Rechte zu sein, sondern können auch andere Gegenstände sein: so alles, was als „industrielles Eigentum“ als Gegenstand von Rechten behandelt wird,[1]) bloß fak-

[1]) Vgl. Prot. II, 50 ff., 51; Staudinger, Kom. II, 1 (7./8.) § 433 N. V, 2 c; Dernburg, BR. II, 1 (3.) § 168 I — z. B. ein Geschäftsunternehmen, eine besondere Fabrikationsmethode, eine nicht patentierte Erfindung.

tische wirtschaftliche Vorteile [1]) und bloße „Aussichten" („Chancen"), hier wie „Gefahr", „Hoffnung", auch „Erprobungsgelegenheit".[2]) Nichtsdestoweniger aber sind die betreffenden Verträge doch „Kaufverträge", wenn sie nur den typisch-wirtschaftlichen Erscheinungsformen eines solchen entsprechen.[3]) Eben darum ist auch der „Kauf zur Probe" rechtlich ein „Kaufvertrag"; vgl. oben B und C I.

Für alle Kaufverträge, deren Gegenstand nicht Sachen oder Rechte sind, kann — mangels positiver besonderer Bestimmungen — allein aus ihrer Natur und ihrem wirtschaftlichen und rechtsgeschäftlichen Zweck die Grundlage ihres Inhalts sowie der Leistungspflicht von Verkäufer und Käufer gefunden werden. Danach im besonderen entscheidet sich, ob überhaupt und inwieweit die allgemeinen, vom BGB. für die Kaufgegenstände Sachen und Rechte gegebenen Bestimmungen entsprechend, vielleicht auch unmittelbar, anwendbar sind.[4]) [5])

---

[1]) So mit Oertmann, Kom. (3./4.) z. § 433 N. 1 d — z. B. Kundschaft, ein Geschäftsgeheimnis, ein Zeitungsunternehmen.

[2]) Vgl. oben N. 3 auf S. 30 und Literatur dort.

[3]) So z. B. Oertmann, Kom. a. a. O. Das verneint anscheinend indessen Enneccerus, Lehrb. I, 2 § 324, II, 4 u. N. 13; er will jedoch dem Willen der Parteien gemäß das Rechtsverhältnis nach Analogie des Kaufes behandelt wissen, soweit das Objekt nicht Abweichungen erfordert. Praktisch dürfte zwischen dieser und der im Text vertretenen Ansicht kaum ein Unterschied bestehen. Hinzuweisen ist nur darauf: die Tatsache, daß gewisse Vorschriften nur „entsprechend" anwendbar sind, macht das Geschäft an sich selbstverständlich nicht zu einem rechtlich anderen. Wie Enneccerus neuestens RG. b. Gruch. 58, 949, vom 4. April 1914.

[4]) Im Wesen ebenso: Dernburg, BR. II, 1 (3.) § 168 I; Enneccerus, Lehrb. I, 2 (6./8.) § 324, II, 4; Oertmann, Kom. (3./4.) § 433 N. 1 b a. Schl.; Staudinger, Kom. II, 1 (7./8.) § 433 N. 1 a.

[5]) Davon gingen auch die Motive z. 1. Entw., II, 230 aus, die gerade für den „Hoffnungskauf" erklären: das juristische Wesen dieser Verträge als gewagter Geschäfte bedinge aber auch die Anwendung anderer Rechtsnormen, in dieser Richtung seien durchgreifende allgemeine Bestimmungen nicht angängig. Nach Prot. II, 50 ff., 51 ist die Berücksichtigung von Kaufverträgen

Unter solchen Gesichtspunkten ist hinsichtlich der Rechtsfolgen der „Kauf zur Probe“ als Kaufvertrag über die vollständige Sach-Erprobungs-Gelegenheit zu prüfen.[1])

a) Eigenart im Gebiet der Vertragserfüllung.

1. Leistung des Verkäufers.

Diejenige Eigenart, die das Gesamt-Rechtsgeschäft „Kauf zur Probe“ als solches zum eigenartigen macht, ist der rechtsgeschäftliche Zweck: Gewährung der vollständigen Sach-Erprobungs-Gelegenheit. Diese Gelegenheit selbst ist der eigentliche Kaufgegenstand, sie ist Gegenstand der Leistungspflicht des Verkäufers.

aa) Inhalt.

Entsprechend dem Gegenstand erscheint als grundlegende Leistungspflicht des Verkäufers nicht mehr bloß, was ein gewöhnlicher Kaufvertrag mit sich bringt, sondern ein erhebliches Mehr.

Mit Übereignung und Besitzverschaffung am Probegegenstande braucht im Verkehrsleben, je nach der Art des

---

mit anderem Gegenstand als Sache oder Recht nur mit dem ausdrücklichen Hinweis darauf abgelehnt worden: die Annahme auch solcher Kaufgegenstände sei theoretisch richtig; der Gesetzestext schließe sie aber nicht aus; dasjenige, was in solchen Fällen dem Verkäufer obliege, ergebe sich aus dem Inhalt des Vertrages unter Berücksichtigung von Treu und Glauben und allenfalls der Verkehrssitte von selbst.

[1]) Im folgenden werden nicht sämtliche sich ergebenden besonderen Rechtserscheinungen, sondern nur die typisch-grundlegenden erörtert; die ersteren, als Folgeerscheinungen der letzteren, sind nach allgemeinen Grundsätzen zu behandeln. Vgl. unten III a 4 und b 4.

Die Untersuchung beschränkt sich dabei nur auf die Gebiete der Vertragserfüllung und der Sachmängel-Gewährleistung, als die theoretisch und praktisch wichtigsten. Das Gebiet der Wirksamkeit des Vertragsbestehens ist vorläufig übergangen, wenngleich die in ihm interessierenden Rechtslagen bei Irrtum, Arglist und ursprünglicher Unmöglichkeit Anspruch auf besondere Erörterung wohl haben. Naturgemäß übt die Eigenart des „Kaufes zur Probe“ auf die Voraussetzungen dieser Rechts-Tatbestände einen nicht unerheblichen Einfluß.

Probegegenstandes und der Richtung des besonderen Verwendungs- bezw. Wirkungszwecks in wirtschaftlicher Beziehung im Einzelfalle, der Ermöglichung der Erprobung nicht in dem Maße vorgearbeitet zu sein, wie es der vollständigen Sach-Erprobungs-Gelegenheit als eigentlichem Kaufgegenstand entspricht. Was dazu an Maßnahmen — in rechtlicher oder tatsächlicher Beziehung — mehr erforderlich ist, kann allgemein nicht bestimmt werden, kann sich vielmehr je nur nach den Umständen des einzelnen Falles richten. So kann vorkommen, daß bei einer komplizierten zur Probe unter einem besonderen Verwendungszweck gekauften Maschine oder Feuerwaffe die Anleitung durch den Konstrukteur oder Spezial-Sachverständigen, Ingenieur oder Monteur erforderlich ist; die Leistungspflicht des Verkäufers würde daher eine gewisse gehörige Bereitstellung oder Zur-Verfügung-Stellung solcher Hilfskräfte umfassen. Sie kann umfassen in gleichem Sinne die Übergabe des Probegegenstandes in einem bestimmten transportablen oder stationären oder sonst bestimmt hergerichteten Zustande, die Angabe von theoretischen oder praktischen Ergebnissen, Berechnungen, event. mit Hilfsurkunden für die Verwendbarkeit oder Nutzbarkeit, die Bereitstellung der Nachlieferung von Gebrauchsgegenständen, die der Betrieb oder die Verwendung des Probegegenstandes selbst erfordern. Sie wird in der Regel den kostenfreien Transport zum Erprobungsorte und anderes Zweckentsprechende mehr begreifen. Neben überwiegend wirtschaftlichen können überwiegend rechtliche Maßnahmen nötig werden. Gleichzeitige Übereignung und Verschaffung von Besitz gewisser Hilfsgegenstände, Mitübertragung gewisser Gebrauchsrechte, Nutzungsrechte, Schutzansprüche gegenüber dritten Prätendenten oder Interessenten oder auch gegen den Verkäufer selbst — abgesehen von der eigentlichen Freiheit des Probegegenstandes selbst von Rechten Dritter —. Unter Umständen sogar die Sicherstellung, daß für die Erprobung, etwa innerhalb gewisser Zeit, vom Verkäufer anderen nicht die gleiche

Gelegenheit oder doch die tatsächlichen Mittel dazu gewährt werden. Alles Umstände, deren Erfordernis und Maß je nach der Lage des einzelnen Falles, nach Treu und Glaube mit Rücksicht auf Verkehrssitte und Handelsgebräuche im allgemeinen, mit Rücksicht auf das besondere wirtschaftliche und rechtliche Interesse an der Erprobung auf seiten vornehmlich des Käufers, aber auch des Verkäufers, andererseits bestimmt wird. In diesem weiten Umfange besteht jeweils die Leistungspflicht des Verkäufers, das Recht auf die Leistung für den Käufer; auf beiden Seiten nicht als Nebenleistung, sondern im Inbegriff der richtigen Vertragserfüllung als Hauptleistungsverpflichtung und Hauptrecht.

Der Verkäufer ist danach verpflichtet, dem Käufer die vollständige Sach-Erprobungs-Gelegenheit zu verschaffen: durch Verschaffung von Besitz und Eigentum am Probegegenstande selbst nicht bloß, sondern durch Vornahme aller derjenigen rechtlichen und wirtschaftlichen Maßnahmen, die im einzelnen Falle dem Käufer gerade die gesuchte Gelegenheit zur Erprobung hinreichend leicht ermöglichen und vorbereiten.

Aber nur diese Erprobungs-Gelegenheit mit diesem Inhalte. Naturgemäß besteht kein Recht des Käufers auf Verschaffung solcher besonderen Eigenschaften, Eignungen, Wirkungen an dem Probegegenstande bezw. auf Verschaffung eines Probegegenstandes mit solchen, die zu dem besonderen Verwendungs- bezw. Wirkungszweck erfordert werden. Das folgt aus der Rechtsnatur des grundsätzlichen Offenlassens der betreffenden Ungewißheit von Vertrags wegen überhaupt, im besonderen aus der des eigentlichen Kaufgegenstandes als des typischen Inbegriffs solchen Offenlassens. Bei einem realen Gegenstande bestimmter Gattung und Art können diejenigen besonderen Eigenschaften, Eignungen, Wirkungen, die zur künftigen Erprobung auf Vorhandensein oder Nichtvorhandensein verstellt sind, für deren Erprobung gar die Gelegenheit selbst gekauft wird, grundsätzlich nicht vorausgesetzt und vertraglich gewährt werden. Im Bereiche der Erprobung also besteht ein Recht auf die zu erprobenden Eigenschaften, Eignungen, Wirkungen und eine Verpflichtung zu ihrer Verschaffung jedenfalls nicht.[1])

Ob und inwieweit außerhalb dieses Bereiches eine Leistungspflicht des Verkäufers auf Verschaffung von Eigenschaften usw., auf Lieferung des Probegegenstandes mit solchen besteht, richtet sich nach allgemeinen Rechtsbestimmungen.[2]) Eigenschaften und Eignungen sind in diesem Gebiete, also außerhalb des Bereiches der Erprobung, jedenfalls so weit zu gewähren, als im Vertragsinbegriff dazu ein besonderer Rechtsgrund, etwa durch Verpflichtung zur Beschaffung oder durch Zusicherung i. S. einer Lieferungsgarantie [3]) geschaffen.

bb) Art.

Der so verstandene Inhalt der Leistungspflicht des Verkäufers erfordert in Hinblick auf den rechtsgeschäftlichen Zweck auch eine entsprechende Art, und zwar in der Sorg-

---

[1]) Damit auch kein entsprechender Vertragserfüllungs-Anspruch: auf Nachbesserung, Nachlieferung, auf Schadenersatz aus §§ 280, 284, 326 BGB., keine exc. non adimpleti contractus.

Nicht um „Kauf zur Probe" handelt es sich, wenn ein praktischer Fall so liegt: der Verkäufer soll verpflichtet sein zur Leistung eines Gegenstandes mit gewissen Eignungen, ihr Vorhandensein zum Zeitpunkte der späteren Leistung soll durch Erprobung festgestellt werden. Hier entweder ein gewöhnlicher Kauf mit Feststellung des in gehöriger Vertragserfüllung als selbstverständlich vorhanden vorausgesetzten durch Erprobung, oder „Kauf auf Probe", beides mit der Rechtsfolge der Nachlieferungsverpflichtung, wenn nicht mit weitergehenden, im Falle des Nichtvorhandenseins. Jedenfalls nicht grundsätzliches Offenlassen der Ungewißheit von Vertrags wegen; Erprobung um des Kaufes willen, aber nicht Kauf um der Erprobung willen!

[2]) Vgl. oben N. 2 auf S. 50 und die dort angegebene Literatur zur Streitfrage.

[3]) Vgl. Levy, Diss. Nachbesserungsanspruch S. 35.

faltspflicht des Verkäufers bei Besorgung aller zwecknotwendigen Maßnahmen. Im besonderen die gehörige Sorgfalt in der Auswahl des Probegegenstandes selbst und seiner Übermachung an den Käufer. Da es sich meist um gattungsmäßig bestimmbare Probegegenstände handeln wird, so muß der Käufer in dem Gegenstande den guten Vertreter seiner Gattung erhalten, aus dem er bei Erprobung am besten seine Erfahrungen sammeln, besondere Eigenschaften, Eignungen, Wirkungen feststellen kann. Solchen muß der Verkäufer aussuchen, und ihn so bis zur Übermachung an den Käufer, gegebenenfalls bis zur Erprobung selbst, zu erhalten, umfaßt seine Obhutspflicht, vgl. §§ 242, 243 BGB.

Mit aller Sorgfalt also hat der Verkäufer — der kaufmännische mit der eines ordentlichen Kaufmannes — den Probegegenstand auszusuchen, der zur Sammlung der erhofften Erfahrungen unter dem besonderen Verwendungs- bezw. Wirkungszweck für den Käufer am besten in Betracht kommt, und ihn so dem Käufer zu übermachen. Der so in Betracht kommende Probegegenstand wird sein müssen: eine Sache bezw. Handelsgut der betreffenden Gattung mittlerer Art und Güte gerade für Erprobung auf die besondere Verwendungs- bezw. Wirkungsfähigkeit. Das ist Nebenleistungsverpflichtung des Verkäufers, Nebenanspruch des Käufers zur gehörigen Vertragserfüllung. Jedes Verschulden in dieser Richtung, seiner selbst oder seiner Hilfspersonen hat der Verkäufer zu vertreten.

2. Leistung des Käufers.

Der Preis ist Wesensbestandteil wie jedes Kaufvertrages, so auch des „Kaufes zur Probe“. Er kann von vornherein bestimmt sein, seine Bestimmung auch in bestimmter Weise vorbehalten sein; er kann der ausdrücklich in bestimmter oder angemessener Höhe vereinbarte, es kann der angemessene als der stillschweigend vereinbarte sein.

Entsprechend der Natur des eigentlichen Kaufgegenstandes und der Gefahrenverteilung erfährt der bestimmte Preis an sich naturgemäß dadurch keine Änderung, daß die spätere Erprobung etwa die besondere Verwendbarkeit oder Nichtverwendbarkeit ergibt, weder — im ersteren Falle — zu Gunsten des Verkäufers, noch — im anderen Falle — zugunsten des Käufers. Das ist besonders bemerkenswert dann, wenn als Kaufpreis nichts ausdrücklich vereinbart, sondern wenn er ein angemessener ist, im besonderen, wenn der Zeitpunkt der definitiven Bestimmung dieses angemessenen Preises nicht der des Kaufabschlusses, sondern ein späterer, etwa gar nach Erprobung liegender ist: der festzustellende Preis ist derjenige, den der eigentliche Kaufgegenstand — also nicht bloß der Probegegenstand, sondern die vollständige Sach-Erprobungs-Gelegenheit selbst mit der damals bestehenden Ungewißheit über Vorhandensein oder Nichtvorhandensein der besonderen Eigenschaften, Eignungen, Wir ungen hatte.

3. Schadensersatzgrundlage.

Entsprechend der Natur des eigentlichen Kaufgegenstandes ist schließlich für etwa in Betracht kommende Schadensersatzleistungen des Verkäufers oder Käufers maßgebend, daß es sich nicht bloß um den einen realen Probegegenstand, sondern eben um die vollständige Sach-Erprobungs-Gelegenheit handelte. Deren ordentliche und rechtzeitige Verschaffung ist der grundlegende Maßstab, im besonderen für Verzugsschaden, Unmöglichkeitsschaden, Schaden „wegen Nichterfüllung".

4. Entsprechende Anwendbarkeit der positiven Kaufbestimmungen im übrigen.

Aus der Eigenart seiner Natur heraus enthält danach der „Kauf zur Probe" zunächst und vor allem im Grundaufbau des Vertragsverhältnisses seine eigenen Gesetze. In diesem Rahmen und auf dieser Grundlage aber steht einerseits nichts im Wege, erfordert andererseits infolge

Gleichheit der rechtspolitischen Gründe und der rechtlichen Lagerung, im übrigen die allgemeinen positiv-gesetzlichen Bestimmungen des BGB. und HGB. über den Kauf entsprechend anzuwenden. Sowohl hinsichtlich des Kaufgegenstandes an sich wie aller der Einzelheiten, die sein ganzes ausmachen, bietet sich mit dieser Maßgabe ein breiter, zum großen Teil bedenkenloser Raum. Schwierigeren Abgrenzungen im einzelnen sind der wirtschaftliche und rechtsgeschäftliche Zweck des Gesamtgeschäftes sowie die Norm von Treu und Glauben gemäß §§ 157, 242 BGB. zu Grunde zu legen.

b) Eigenart im Gebiet der Sachmängel-Gewährleistung.

Ebenfalls in scharfer Weise zeigt sich die Eigenart des „Kaufes zur Probe" bei der Sachmängel-Gewährleistung.

1. Am Kaufgegenstand sind „verborgene Sachmängel" an sich denkbar.

Wie die positive Regelung des BGB. überhaupt nur auf „Sachen" und „Rechte", ist im besonderen die Sachmängel-Gewährleistung beim Kauf — gegenüber der Gewährleistung wegen Mängel im Rechte — in den §§ 459 ff. nur auf „Sachen" als Kaufgegenstände abgestellt. Mängel der Sache i. S. des BGB., deren Verborgensein dem Käufer unter gewissen Umständen nicht nachteilig sein und für die daher der Verkäufer in bestimmter Weise einstehen soll, sind diejenigen „Mängel", die — unter gewissem Gesichtspunkte — an dem Kaufgegenstand „Sache" in seiner realen Gegenständlichkeit (Beschaffenheit, Tauglichkeit) festgestellt werden; im Gegensatz zu dem Mangel im „Rechte", der der rechtsgeschäftlich bezweckten Gewährung dauernder und uneingeschränkter Rechtszuständigkeit an den Käufer ganz oder teilweise entgegensteht, §§ 433 Abs. 1 S. 2, 434, 435, 437/39, 440. Damit ist unmittelbare Anwendbarkeit der §§ 459 ff. BGB. schon dann ausgeschlossen, wenn Kaufgegenstand nicht eine „Sache", sondern ein „Recht" ist. Für andere Kaufgegenstände als Sachen und Rechte ist eine Regelung naturgemäß nach dem Ausgangs-Gesichtspunkte des BGB. überhaupt nicht vorgesehen.

Indessen auch für Kaufgegenstände außer den „Sachen" wertet die Verkehrsauffassung das Vorhandensein bezw. Nichtvorhandensein gewisser Umstände als „Mängel" des Kaufgegenstandes, für die eine dem Sachmangel entsprechende Behandlung als für verborgene Mängel als innerlich begründet angesehen wird. In der Tat sind im allgemeinen auch auf andere Kaufgegenstände als Sachen die §§ 459 ff. BGB. für entsprechend anwendbar zu erachten und in Wissenschaft und Rechtsprechung auch erachtet worden, und zwar aus der Gleichheit des rechtspolitischen Grundes: dem durch verborgene Mängel des Kaufgegenstandes geschaffenen Interessenkonflikte zwischen Käufer und Verkäufer im Interesse der Rechts- und Verkehrssicherheit durch positive, auf einen billigen, dem treugläubigen Verkehr entsprechenden Ausgleich gerichteten Bestimmungen zu lösen.[1]) Doch nicht auf alle Kaufgegenstände. Es muß sich eben gerade um sachliche Mängel des Kaufgegenstandes überhaupt handeln, um Erscheinungen bezw. Umstände, die zum Kaufgegenstande in gleicher Weise stehen, wie der „Sachmangel" i. S. der §§ 459, 463 BGB. zur gekauften „Sache"; denn nur so weit reicht die tatsächliche Grundlage für eine Ausdehnung der positiven Regelung aus jenen rechtspolitischen Gründen zu. Verborgene sachliche Mängel — im Gegensatz zu rechtlichen bezw. etwa anderen Mängeln oder zum reinen Nichtzureichen der Vertragserfüllung — und damit entsprechende Anwendbarkeit der §§ 459 ff. BGB. also naturgemäß nur da, wo der Kaufgegenstand grundsätzlich derartige Mängel überhaupt zuläßt.

---

[1]) So mit RG. Bd. 67 S. 89; vgl. dazu RG. Bd. 69, 432; Enneccerus, Lehrb. (6./8.) I, 2 § 331 III; Oertmann, Kom. (3./4.) § 433 N. 1 b.

Kaufgegenstände, bei denen kraft ihres eigentümlichen Gebildes solch sachlicher Mangel nicht ausdenkbar erscheint, können daher nicht in Betracht stehen. Solche wird man zunächst in den (verkauften) „Rechten“ finden, die ein sachliches Substrat überhaupt nicht besitzen — gegenüber den Rechten, die solches besitzen und durch dessen Mängel in ihrer Bewertung mit betroffen werden —.[1]) Dann aber vornehmlich in der Reihe von Kaufgegenständen, deren Wesen — ohne selbst „Sache“ oder „Recht“ zu sein — sein Schwergewicht findet nicht in körperlichen Substraten oder wirtschaftlichen Umständen — vgl. „Geschäftsunternehmen“, „Fabrikationsmethode“ —, sondern in verallgemeinerten Werturteilen, wenn sie auch naturgemäß in tatsächlichen, im besonderen wirtschaftlichen Umständen ihre Grundlage haben. — So m. E. an sich die „Gefahr“, die „Hoffnung“, wie überhaupt die „Aussichten“ im allgemeinen, wohl auch die meisten Kaufgegenstände der gewagten Geschäfte. — Also im Gegensatz zu den mehr wirtschaftlich gefaßten die im Wesen mehr gedanklich gefaßten Gegenstände: hier sind verborgene sachliche Mängel des Gegenstandes aus dessen Wesen heraus nicht gut denkbar; vielmehr werden Erscheinungen, die die reale Unterlage ungünstig beeinflussen, hier stets lediglich als Mängel der Vertragserfüllung anzusprechen sein. Umsoweniger ausdenkbar, wenn die Werturteilsbildung gerade das Vorliegen von Umständen je nach ihrer derzeitigen Beschaffenheit, mit oder ohne „Mängel“, Geeignetheit oder Verwendbarkeit unter irgend einem Gesichtspunkte, oder sogar auch Veränderlichkeit

---

[1]) So mit Oertmann a. a. O. — wie „Nießbrauch“, „Patente“, „Lizenzen“ —; a. A. Enneccerus a. a. O. § 321 III u. N. 28; Staudinger, Kom. II, 1 (7./8.) § 459 I a, 438 I b, 437 I 6 d (vgl. auch RG. Bd. 75 S. 400: Haftung des Lizenzgebers für technische Ausführbarkeit der patentierten Erfindung — jedenfalls sieht das RG. in solchem Umstande wie Nichtausführbarkeit einen sachlichen Mangel der Erfindung und damit auch des Vertragsgegenstandes, wenngleich der Lizenzvertrag nicht als Kaufvertrag, sondern eigenartig gewertet wird.

solcher Erscheinungen nach einer gewissen günstigen oder weniger günstigen Richtung berücksichtigt.[1]) Bei allen anderen Kaufgegenständen dagegen sind sachliche „Mängel" denkbar, zum mindesten insofern, als gewisse Erscheinungen in ihrem wirtschaftlichen oder körperlichen Substrate auf ihre Wertschätzung oder bestimmungsgemäße Tauglichkeit von unmittelbarem Einfluß sind.

Nach solchen Gesichtspunkten ist der Kaufgegenstand des „Kaufes zur Probe" zu prüfen. Danach ist die „Erprobungsgelegenheit" an sich zwar eine „Aussicht" auf wirtschaftliche Erfahrung oder Belehrung (vgl. S. 30 31 N. 3), aber doch eine solche, die gerade ihrem Wesen nach unmittelbar in wirtschaftlichen Umständen, beim „Kauf zur Probe" im besonderen (vollständige Sach-Erprobungs-Gelegenheit) sogar vornehmlich in sachlichen Substraten: im realen Probegegenstand erscheint und getragen wird. Daher sind bei dem Kaufgegenstand „vollständige Sach-Erprobungs-Gelegenheit" grundsätzlich verborgene sachliche Mängel möglich; gerade solche Mängel in Beschaffenheit, Tauglichkeit, Wirkungsfähigkeit beim Probegegenstande in gewissem Umfange können die Ausübbarkeit und den Wert der erstrebten Sach - Erprobungs - Gelegenheit selbst unmittelbar beeinträchtigen.

Ihr Geltungsgebiet ist ein der Natur des „Kaufes zur Probe" entsprechendes eigenartiges.[2])

2. Keine Sachmängel im Bereiche der Erprobung.

Wenn einem Gegenstande für einen besonderen Wirkungs- bezw. Verwendungszweck die erforderlichen Eigen-

---

[1]) Solche Gegenstände folgen nur den allgemeinen Vorschriften über den „Kauf" oder solchen anderen Normen, allgemeineren, die sich aus ihrer besonderen Natur ergeben.

[2]) Im nachfolgenden wird kurz von „Sachmängeln" und „Sachmängel-Gewährleistung" beim Kauf zur Probe gesprochen und darunter alle sachlichen Mängel des Kaufgegenstandes verstanden, mögen sie seinem Wesen selbst oder seinem körperlichen Substrate anhaften, also nur im Gegensatz zu „Rechtsmängeln"

schaften, Eignungen, Wirkungen fehlen, so ist das Fehlen an sich ein „Mangel" des Gegenstandes. Aber nur möglicherweise ein rechtserheblicher. Ob es sich um einen Sachmangel im Sinne des über den Gegenstand geschlossenen Vertrages, also um einen solchen handelt, der i. S. des § 459 BGB. Gewährleistungsansprüche des Käufers erzeugen würde, hängt davon ab, ob der Verkäufer das Vorhandensein der Eigenschaften, Eignungen, Wirkungen in Erwartung stellte, der Käufer sie erwartete. Maßgebend ist also die Beziehung des Vorhandenseins oder Nichtvorhandenseins zum Inbegriff des geschlossenen Kaufvertrages, vor allem zur Art des Kaufgegenstandes. Beim „Kauf zur Probe" aber fehlt diese Beziehung in einer gewissen Richtung: hier werden alle unter dem besonderen Verwendungs- bezw. Wirkungszweck in Betracht kommenden besonderen Eigenschaften, Eignungen, Wirkungen des Probegegenstandes gerade nicht in Erwartung, sondern zur zukünftigen Erprobung gestellt, und die Ungewißheit über ihr Vorhandensein oder Nichtvorhandensein bleibt von Vertrags wegen grundsätzlich offen. Die Gelegenheit der Erprobung auf ihr Vorhandensein oder Nichtvorhandensein selbst ist ja der Kaufgegenstand. Dieser Gelegenheit — als solcher wie in ihrem Werte, ihrer Beschaffenheit oder ihrer Tauglichkeit: ausgeübt zu werden und auf bestimmter Grundlage Erfahrungen zu ermöglichen — kann naturgemäß im Sinne des Vertrages nichts fehlen, wenn dem Probegegenstande gerade die besonderen Eigenschaften, Eignungen, Wirkungen fehlen. Die Ungewißheit und damit Möglichkeit ihres Vorliegens oder Nichtvorliegens selbst ist im Gegenteil Grundlage und Inbegriff der Erprobungs-Gelegenheit; Vorliegen wie Nichtvorliegen als Ergebnis der künftigen Feststellung durch die Erprobung geben und nehmen die Parteien mit in Kauf und billigen den einen wie den anderen — gegenwärtigen und zur Zeit des Gefahrüberganges vorhandenen — Zustand grundsätzlich, vgl. oben D I b und II. Die Eigenart des Kaufgegenstandes also läßt von Haus aus nicht den Raum, das objektive Fehlen jener besonderen Eigenschaften, Eignungen, Wirkungen als „Sachmangel" im Sinne des Vertrages zu werten. — Ein anderer Rechtsgrund hierfür aber kann nicht in Betracht kommen, denn der Probegegenstand selbst ist nicht der eigentliche Kaufgegenstand und nur Beeinträchtigung der Qualitäten des letzteren ist rechtlich maßgebend.[1]) Danach ist im Bereiche der Erprobung das — gänzliche oder teilweise — Fehlen aller dieser besonderen, zur Erprobung verstellten Eigenschaften, Eignungen, Wirkungen im Hinblick auf den Kaufgegenstand und im Sinne des Vertrages kein „Sachmangel" und auch nicht als solcher zu behandeln.[2]) Die Rechtsbehelfe: Wandlung, Minderung, Schadensersatz wegen Nichterfüllung, Anspruch auf mangelfreie Nachlieferung gemäß §§ 462, 463, 480 BGB., andererseits die Verpflichtung zur unverzüglichen Untersuchung und Rüge gemäß § 377 HGB. bestehen infolgedessen im Bereiche der Erprobung — beim Fehlen der besonderen Eigenschaften, Eignungen, Wirkungen für den Käufer nicht.[3])

---

[1]) Könnte man selbst den Probegegenstand selbst als Kaufgegenstand ansehen, so würde ja mit dem grundsätzlichen Offenlassen der Ungewißheit von Vertrags wegen ein Verzicht vorliegen auf alles, was an Rechtsfolgen an das Vorhandensein oder Nichtvorhandensein jener besonderen Eigenschaften usw. für den einen oder anderen Vertragspartner zu knüpfen gewesen wäre; das Wagnis würde dem Fehlen mit dem Charakter der Sachmängel im Sinne des Vertrages überhaupt auch die Rechtsfolgen einer Gewährleistung nehmen. Vgl. oben D I b.

[2]) Wie dargelegt — oben C IV b — ist der Probegegenstand ein wesentlicher Teil der vollständigen Sach-Erprobungs-Gelegenheit, also des eigentlichen Kaufgegenstandes. In Hinsicht auf die Qualitäten des Kaufgegenstandes sind die Qualitäten des Probegegenstandes diejenigen eines minus. Sollen diejenigen des Teiles selbstständig rechtserheblich erscheinen, so erscheint der Teil nicht mehr als minus, sondern als aliud: dessen Rechtserheblichkeit aber muß einen selbständigen Rechtsgrund haben; der Kauf über den Gegenstand, in dem der Probegegenstand als minus erscheint, reicht dazu nicht aus.

[3]) Daß der Verkäufer etwa bez. gewisser zur Erprobung verstellter Eigenschaften usw. rühmt: sie seien vorhanden, bleibt naturgemäß — abgesehen

Aus dem gleichen Grunde besteht auch bei späterer Feststellung jenes Fehlens ein Nachbesserungsrecht des Verkäufers nicht — in den wenigen Ausnahmefällen, in denen es von Rechts wegen beim gewöhnlichen Kauf zuzulassen wäre[1]); denn es handelt sich eben nicht um den einzelnen Gegenstand, nicht Erprobung um des Kaufes willen, sondern Kauf um der Erprobung willen.

Schließlich kann aus derselben Grundlage heraus bei späterer Feststellung des einen oder anderen Zustandes im Bereich der Erprobung keiner der beiden Vertragsgegner zu seinen Gunsten — der Verkäufer wegen Vorhandenseins, der Käufer wegen Nichtvorhandenseins — in irgend welcher anderen Weise Folgerungen von rechtlicher Bedeutung in Beziehung auf den andern ziehen, sich auch nicht — der eine der Tauglichkeit, der andere der Nichttauglichkeit — in einer die Interessen des Gegners verletzenden Weise widerrechtlich berühmen.

3. Bestimmung der „Sachmängel" des Kaufgegenstandes.

aa) Da die Rechtsnatur des „Kaufes zur Probe" bei der Beschaffenheit und Tauglichkeit des Probegegenstandes selbst das Begreifen von „Sachmängeln" nur im Bereiche der Erprobung ausschließt, so steht dem außerhalb dieses Bereiches nichts entgegen. Insoweit besteht die allgemeine Möglichkeit der Einwirkung auf die Bewertung der Erprobungsgelegenheit. Insoweit also können die Beschaffenheit des Probegegenstandes selbst bezw. das

---

vom Fall der arglistigen Täuschung — so lange rechtsunerheblich, als er mit seinen Äußerungen nicht vertragsmäßige Zusicherungen oder Garantien abgibt, welche die Ungewißheit beheben bezw. Sicherstellung gewähren sollen, etwa gar so, daß aus dem „Kauf zur Probe" ein „Kauf auf Probe" wird.

[1]) Vgl. Oertmann, Kom. (3./4.) § 462 N. 5 b und Literatur dort; Levy, Nachbesserungsanspruch S. 59.

Ein beim gewöhnlichen Kaufvertrag etwa möglicher Nachbesserungsanspruch des Käufers erledigte sich für den „Kauf zur Probe" bereits unter Vertragserfüllung; vgl. oben D III a.

Fehlen von Eigenschaften, Eignungen, Wirkungen an ihm Sachmängel des Kaufgegenstandes sein.

Welche solcher allgemeineren Eigenschaften, Eignungen, Wirkungen — also außerhalb derjenigen gerade für den besonderen Verwendungs- bezw. Wirkungszweck unmittelbar erforderten und zur Erprobung verstellten — indessen für rechtserhebliche Sachmängel des Kaufgegenstandes in Betracht kommen, richtet sich jeweils danach, ob und inwieweit gerade ihr Fehlen bezw. Vorhandensein die Sach-Erprobungs-Gelegenheit selbst in deren vertragsmäßigen Qualitäten unmittelbar zu beeinträchtigen geeignet sind. Die vertragsmäßigen Qualitäten der Erprobungsgelegenheit finden ihren natürlichen Maßstab wiederum unter dem Gesichtspunkt des besonderen Verwendungs- bezw. Wirkungszwecks — vgl. oben C V. — Die (vollständige) Sach-Erprobungs-Gelegenheit muß ausgeübt werden und Sammlung von Erfahrungen ermöglichen können. Aber neben dieser allgemeinen Qualität, ohne die die Gelegenheit nicht ist, was sie sein soll, finden sich weitere durch die vertragsmäßigen Voraussetzungen gegebene. Die Erfahrungen sollen nicht irgend welche sein, sondern sich auf einer bestimmten bekannten oder als bekannt behandelten Grundlage aufbauen. Die Grundlage aber wird verkörpert in dem realen Probegegenstande mit den für seinen allgemeineren Verwendungs- bezw. Wirkungszweck[1]) erforderten gewissen Eigenschaften, Eignungen, Wirkungen, die an ihm von Vertrags wegen erwartet und in Erwartung gestellt werden, — mögen sie ursprünglich gewiß oder ungewiß gewesen sein, oder mögen sie trotz fortbestehender Ungewißheit als gewiß behandelt werden —. Ein Erfahrungs-Inbegriff bei so Erwartetem ist die Grundlage für das zur Erprobung verstellte Besondere, was an

---

1) Vgl. oben C V.

entsprechenden Erfahrungen für den **besonderen** Verwendungs- bezw. Wirkungszweck ermöglicht werden soll. Nur braucht nicht jede erwartete Eigenschaft bezw. Eignung des Probegegenstandes an sich unmittelbar Teil dieser Grundlage zu sein und braucht ihr Fehlen (der „Mangel") hinsichtlich Ausübung der Gelegenheit und Sammlung von besonderen Erfahrungen einen ungünstigen Einfluß überhaupt nicht zu haben. Der einzelne — so verstandene — „Sachmangel" des Probegegenstandes beeinträchtigt vielmehr die Erprobungsgelegenheit (unmittelbar) nur, wenn sein Vorhandensein die Leichtigkeit der Ausübung und die Aussicht: in Hinblick gerade auf den besonderen Verwendungs- bezw. Wirkungszweck — also besondere Erfahrungen zu sammeln, ungünstig zu beeinflussen geeignet ist. Dann aber ist er Sachmangel des Kaufgegenstandes.

bb) Die Gewährung der vollständigen Sach-Erprobungs-Gelegenheit begreift neben Verschaffung des Probegegenstandes selbst gegebenenfalls jene weiter erforderlichen wirtschaftlichen oder rechtlichen Maßnahmen des Verkäufers — vgl. oben D III a 1 aa —. Auch diese Ergänzungs-Maßnahmen können einmal ein sachliches Substrat zum Gegenstande haben, an dem eine dem § 459 Abs. 1 BGB. entsprechende Beschaffenheit oder Tauglichkeit vorausgesetzt und in Erwartung gestellt wird. Andererseits wird an den wirtschaftlichen Ergänzungs-Maßnahmen als solchen im organischen Zusammenwirken mit der Gewährung des Probegegenstandes unter Hinblick auf die Qualitäten der Erprobungs-Gelegenheit eine gewisse tatsächliche Brauchbarkeit bezw. Geeignetheit erfordert. Damit wird die Erprobungs-Gelegenheit in ihren eigenen vertragsmäßigen Qualitäten nicht bloß durch diejenigen des Probegegenstandes, sondern auch durch solche jener Ergänzungs-Maßnahmen — als solcher oder in ihrem (etwa gegebenen) sachlichen Substrate — beeinflußt. In dieser Richtung stehen daher sachliche Mängel bei Ergänzungs-Maßnahmen des Verkäufers denen des Probegegenstandes grundsätzlich gleich, unterstehen also für Bewertung als Sachmängel des Kaufgegenstandes den gleichen Gesichtspunkten.

cc) Danach ergibt sich der Grundsatz: Beim „Kauf zur Probe“ ist ein „Sachmangel“ des Probegegenstandes — Fehlen allgemeinerer, von Vertrags wegen in Erwartung gestellter Eigenschaften, Eignungen, Wirkungen desselben — oder ein sachlicher Mangel — Fehlen der erwarteten tatsächlichen Brauchbarkeit bezw. Geeignetheit — in den vom Verkäufer etwa vorgenommenen weiteren ergänzenden Maßnahmen, als solchen bezw. in ihrem sachlichen Substrate, zugleich ein Sachmangel des Kaufgegenstandes schon und nur dann, wenn durch ihn die Leichtigkeit der Erfüllung selbst und die Aussicht: im Hinblick auf den besonderen Verwendungs- bezw. Wirkungszweck Erfahrungen zu sammeln, im Regelfalle ungünstig beeinflußt werden kann.

Der grundsätzliche Unterschied beim „Kauf zur Probe“ zwischen den besonderen und den allgemeineren Eigenschaften, Eignungen, Wirkungen des Probegegenstandes besteht darin, daß gerade die letzteren — nicht zur Erprobung verstellten — erwartet und in Erwartung gestellt werden. Erwartet und in Erwartung gestellt wird auch die vertragsgemäße tatsächliche Brauchbarkeit bezw. Geeignetheit der vom Verkäufer etwa vorzunehmenden Ergänzungs-Maßnahmen. Im Hinblick auf den Erfahrungs-Inbegriff des so erwarteten bildet sich der Begriff des Sachmangels des Kaufgegenstandes. Verborgene Sachmängel sind geeignet, die richtige Erreichung des Zweckes für den Käufer zu vereiteln. Die Erwartung erfordert seine Sicherstellung bei solchen verborgenen Sachmängeln: Sachmängel-Rechtsbehelfe sollen ihm gegenüber dem Verkäufer deswegen zustehen. Beim „Kauf zur Probe“ besteht danach eine Sachmängel-Gewährleistung wie bei anderen Käufen, nur in einem, der Natur des Rechtsgeschäftes entsprechenden eigenartigen Rahmen.

4. Sachmängel-Gewährleistung entsprechend den positiven Bestimmungen bei gewöhnlichem Kauf.

Wie im Grundaufbau des Vertragsverhältnisses überhaupt hat also in dem der Sachmängel-Gewährleistung der „Kauf zur Probe" aus der Eigenart seiner Natur heraus seine eigenen ganz bestimmt umrissenen Gesetze. Doch aber nur für die Grundlage und die allgemeinen Richtlinien. Von dem ausgehend steht auch hier einerseits nichts im Wege und erfordert andererseits die völlige Gleichheit der rechtspolitischen Erwägung und rechtlichen Lagerung für die so von Vertrags wegen begründete und geforderte Sachmängel-Gewährleistung die betreffenden positiv-gesetzlichen Bestimmungen des BGB. und des ergänzenden § 377 HGB. mit deren gewöhnlichen Rechtsfolgen entsprechend anzuwenden.[1])

c) Vertragsfreiheit.

Die in ihren Grundzügen entwickelten eigenartigen Rechtsfolgen des Rechtsgeschäfts „Kauf zur Probe" sind die aus seinem Wesen und seiner Rechtsnatur entnommenen, seine „gesetzlichen". In einer Anzahl von ihnen verkörpern

---

[1]) Wie in allem übrigen fehlt es auch hinsichtlich der Eigenart bei Sachmängel-Gewährleistung im Rechtsgebiete des „Kaufes zur Probe" an jeglicher Äußerung in der Literatur — Indessen liegen einige, wenn auch mangels hinreichender Unterscheidung unvollkommene Äußerungen für andere ähnliche Rechtseinrichtungen vor. So Enneccerus, Lehrb. I, 2 § 324 N. 11 z. „Hoffnungskauf": die Mängelrechte seien unanwendbar; Staub, Kom. z. HGB. Exk. vor § 377 N. 55: als gewagtes Geschäft ließen sich auf den Hoffnungskauf nicht alle Grundsätze des Kaufes, insbesondere nicht die Gewährleistungsgrundsätze bei Fehlschlagen der Gewinnchance anwenden, z. § 377 N. 121 f. faßt er ihn als Fall eines gewissen Ausschlusses der Gewährleistung auf — wenngleich zutreffend im Ergebnis, ist der maßgebende Rechtsgrund unzutreffend; vgl. oben N. 3 auf S. 30 und N. 2 auf S. 58 —; in anderer Richtung Staub a. a. O. und Staudinger, § 433 I b im Hinweis auf die Äußerung der Mot. II S. 320: das juristische Wesen dieser Verträge (des Hoffnungskaufes) als gewagter Geschäfte bedinge aber auch die Anwendung anderer Rechtsnormen, und in dieser Richtung seien durchgreifende allgemeine Bestimmungen nicht angängig gewesen.

sich essentialia negotii, sodaß ihr Entfallen die Eigenart des Rechtsgeschäftes als solchen unmittelbar berührt. Insoweit also müssen jene Rechtsfolgen zwingende sein. Als solche sind u. a. anzusehen: der grundsätzliche Inhalt der Vertragserfüllung und das grundsätzliche Fehlen von Sachmängel-Gewährleistung im Bereiche der Erprobung.

Im übrigen aber, soweit die Rechtsfolgen nur eben allgemein-gesetzliche Ergebnisse auf der Grundlage der essentialia negotii sind, steht nichts im Wege, sie als dispositive anzusehen. Insoweit also können die Parteien abändernd anderweites vereinbaren. Nur wird die Betätigung der Vertragsfreiheit im Rechtsgebiete des „Kaufes zur Probe" — vornehmlich durch Einfügung von Ergänzungsbestimmungen oder durch Erweiterung der Bestimmungen auf andere Vertragsbestandteile oder auch durch zulässige Abänderung bei der Sachmängel-Gewährleistung — im einzelnen Falle erhöhte Achtsamkeit in Feststellung des wahren Parteiwillens zur Abgrenzung gegenüber anderen ähnlichen Rechtseinrichtungen erfordern.

E. Ergebnis.

1. Der Name entspricht der Eigenart des Rechtsgeschäftes.

Die Untersuchung des Rechtsgeschäftes, die Feststellung der seinen Inbegriff darstellenden Wesensbestandteile, seines Aufbaus und seiner systematischen Einordnung haben ergeben, daß es sich nicht bloß wirtschaftlich, sondern vor allem rechtlich um ein materiell-rechtlich durchaus eigenartiges Kaufgeschäft handelt. Mit voller innerer Berechtigung ist diesem Rechtsgeschäft der Name „Kauf zur Probe" gegeben worden: er gibt in kürzester Kennzeichnung sein Wesen wieder.

Daß das Rechtsgeschäft bisher in Literatur und Judikatur in seiner Eigenart noch nicht erkannt worden ist, dürfte allein auf die rein äußerliche Betrachtung der Namensworte zurückzuführen sein. Für die rechtswissenschaftliche Terminologie wie den Werte schaffenden Verkehr besteht die Regel: in den Namen eines Rechtsgeschäftes nichts aufzunehmen, was dieses Rechtsgeschäft nicht rechtlich kennzeichnete, oder was gar rechtlich ohne Bedeutung ist. Der Regel folgt „der Kauf zur Probe". Bei ihm eine Ausnahme zu sehen, liegt nicht bloß von vornherein keine Veranlassung vor, ist vielmehr seinem inneren Wesen nach, wie gezeigt, völlig ausgeschlossen.

Zwar kennzeichnet die Beifügung „zur Probe" im Namen des Rechtsgeschäftes auch ein „Motiv", aber eben ein solches, das zum rechtsgeschäftlichen Zweck erhoben ist und nunmehr in verschiedensten, wesentlichen Richtungen das Gesamtgeschäft beeinflußt. Genau wie z. B. Rechtsgeschäfte „Kauf auf Probe", „Kauf nach Probe", „Vorkauf" schon in ihrem Namen in bezeichnendster Weise das angeben, worauf der rechtsgeschäftliche Zweck geht, und zwar um so schärfer, je fortgeschrittener der Kulturboden ist, auf dem sie erwachsen sind, nicht anders bei „Kauf zur Probe", im Geschäfte vornehmlich des — durchgebildeteren — Handelsverkehrs. Er ist genau das auch in seinem rechtsgeschäftlichen Zwecke und damit Wesen, was der Name besagt: ein „Kauf — zur Probe".

2. Rechtliche Begriffsbestimmung.

Der „Kauf zur Probe" ist ein fest und unbedingt geschlossener Kaufvertrag über die vollständige — in einem bestimmten Probegegenstande getragene — Sach-Erprobungs-Gelegenheit, und zwar zur Erprobung auf bestimmte in Hinsicht auf einen bestimmten besonderen Verwendungs- bezw. Wirkungszweck als ungewiß angenommene Eigenschaften, Eignungen, Wirkungen des Probegegenstandes.

Die für Erprobung vorgesehenen Eigenschaften, Eignungen, Wirkungen sind die einerseits dem besonderen Verwendungs- bezw. Wirkungszweck entsprechenden, andererseits über diese hinaus oder aus ihnen vertraglich besonders bestimmten

Der maßgebende „besondere" Verwendungs- bezw. Wirkungszweck ist der vertraglich bestimmte, mangels solcher Bestimmung jeder Verwendungs- bezw. Wirkungszweck außerhalb des lediglich gattungsgemäßen.

3. de lege ferenda.

Der „Kauf zur Probe" besteht als selbständige Rechtseinrichtung mit seinen entsprechenden Rechtsfolgen im Rechtssystem auch ohne ausdrückliche Normierung in positiven Gesetzen — BGB. oder HGB. —. Deren Fehlen beruht in dem Verkennen seiner Wesenseigenart. Ihre Erkenntnis weist dem „Kauf zur Probe" seine Stelle unter den „Besonderen Arten des Kaufes" im siebenten Abschnitt I. Titel des Rechtes der Schuldverhältnisse im BGB. neben dem „Kauf nach Probe", § 494, und dem „Kauf auf Probe", §§ 495, 496 an, wie es ehedem auch im alten ADHGB. war. Die ausdrückliche Aufnahme jener beiden Rechtseinrichtungen würde die Aufnahme auch des „Kaufes zur Probe" gerade deshalb verlangen, weil er nicht bloß, wie scheinbar nach dem ADHGB., ein rechtlich belangloser Name, sondern eben eine bestimmte Rechtseinrichtung von erheblicher materiell-rechtlicher Tragweite in Rechtsbegriff, Rechtsnatur und Rechtsfolgen ist. Eine Rechtseinrichtung, die in mindestens so reichem Maße wie jene beiden gegenüber dem gewöhnlichen Kaufe Besonderheiten aufweist; von Wissenschaft und Rechtsprechung in Wesen und Wirkung bisher völlig verkannt und daher unzutreffend behandelt.

Eine Bestimmung, die in Berücksichtigung der Gesetzestechnik des BGB. vom Eigenartigen das Wesentliche träfe, könnte etwa so lauten:

Bei einem Kauf zur Probe wird der Verkäufer verpflichtet, dem Käufer die vollständige, in dem bestimmten Probegegenstande getragene Gelegenheit zur Erprobung auf bestimmte besondere und als ungewiß behandelte Eigenschaften, Eignungen, Wirkungen zu verschaffen. Er hat dazu im besonderen dem Käufer den Probegegenstand frei von Rechten Dritter zu übergeben und zu übereignen sowie alle diejenigen weiteren wirtschaftlichen und rechtlichen Maßnahmen zu treffen, welche nach den Umständen die Erprobung für den Käufer hinreichend ermöglichen und vorbereiten.

Ein (sachlicher) Mangel des Kaufgegenstandes liegt nur vor, wenn

1. vertragsgemäß vorausgesetzte (also nicht zur Erprobung verstellte) Eigenschaften, Eignungen, Wirkungen des Probegegenstandes, oder
2. vertragsgemäß vorausgesetzte tatsächliche Beschaffenheit bezw. Geeignetheit der weiteren etwa vom Verkäufer verpflichtungsgemäß vorgenommenen ergänzenden Maßnahmen

fehlen und dadurch die Leichtigkeit der Erprobung selbst oder die Aussicht, im Hinblick auf den besonderen Verwendungs- bezw. Wirkungszweck Erfahrungen zu sammeln, im Regelfalle ungünstig beeinflußt werden kann.

Im übrigen finden die Vorschriften über den gewöhnlichen Kauf entsprechende Anwendung.

Druck von Otto Walter in Berlin S. 14.

FSC
www.fsc.org
MIX
Papier | Fördert
gute Waldnutzung
FSC® C083411

Kolibri 360 GmbH
Ferdinand-Jühlke-Straße 7
99095 Erfurt, Deutschland
produktsicherheit@kolibri360.de